Georg Klaus

Kybernetik — eine neue Universalphilosophie der Gesellschaft?

ZUR KRITIK DER BÜRGERLICHEN IDEOLOGIE

27

HERAUSGEGEBEN VON MANFRED BUHR

unter Mitwirkung von

ANDRÁS GEDÖ (Budapest) · M. T. JOWTSCHUK (Moskau)
TODOR PAWLOW (Sofia) · VLADIMIR RUML (Prag)
ROBERT STEIGERWALD (Frankfurt/Main)

GEORG KLAUS

Kybernetik – eine neue Universalphilosophie der Gesellschaft?

AKADEMIE-VERLAG
BERLIN
1973

„... bürgerliche oder sozialistische Ideologie. Ein Mittelding gibt es hier nicht (denn eine ‚dritte' Ideologie hat die Menschheit nicht geschaffen, wie es überhaupt ... niemals eine außerhalb der Klassen und über den Klassen stehende Ideologie geben kann). Darum bedeutet *jede* Herabminderung der sozialistischen Ideologie, jedes *Abschwenken* von ihr zugleich eine Stärkung der bürgerlichen Ideologie."

Lenin

Vorbemerkung des Herausgebers

Der revolutionäre Charakter des Marxismus-Leninismus als einer Wissenschaft des Kampfes, *des Klassenkampfes,* impliziert die kontinuierlich geführte prinzipielle Auseinandersetzung mit allen Erscheinungsformen der bürgerlichen und revisionistischen Ideologie. So gesehen, ist der *ideologische Klassenkampf* ein unabdingbarer Bestandteil der im *Kommunistischen Manifest* wissenschaftlich begründeten welthistorischen Mission des Proletariats. Der Kampf der Arbeiterklasse unter Führung ihrer marxistisch-leninistischen Partei verlangt dergestalt zur Durchführung der sozialistischen Revolution, zur Errichtung ihrer politischen Herrschaft, der Diktatur des Proletariats, und zur erfolgreichen Gestaltung der sozialistischen und kommunistischen Gesellschaft nicht nur die politische und ökonomische, sondern ebensosehr die konsequente ideologische und theoretische Entmachtung der Bourgeoisie.

Anliegen der Reihe *Zur Kritik der bürgerlichen Ideologie* ist es deshalb, die verschiedenen Erscheinungsformen der bürgerlichen und revisionistischen Ideologie der kritischen, das heißt der marxistisch-leninistischen Analyse zu unterziehen und in diesem Prozeß die prinzipiellen Positionen des Marxismus-Leninismus zu festigen. In sie wurde die kritische, die historischen Grenzen markierende Behandlung des humanistischen ideologischen Erbes der progressiven Bourgeoisie einbezogen, um die Tendenz seiner Verwirklichung, seiner Weiter- und Höherentwicklung im Prozeß der Gestaltung der sozialistischen Gesellschaft aufzuweisen und es gegen seine falschen Nachkommen, die Ideologen der imperialistischen Bourgeoisie, zu verteidigen.

Bei der Durchführung des Anliegens der Reihe sind sich Autoren und Herausgeber der optimistischen Mahnung von *Marx* bewußt:

„Die Arbeiterklasse verlangt keine Wunder ... Sie hat keine fix und fertigen Utopien ... Sie weiß, daß, um ihre eigne Befreiung und mit ihr jene höhre Lebensform hervorzuarbeiten..., daß sie, die Arbeiterklasse, lange Kämpfe, eine ganze Reihe geschichtlicher Prozesse durchzumachen hat, durch welche die Menschen wie die Umstände gänzlich umgewandelt werden. Sie hat keine Ideale zu verwirklichen."

Und: „Im vollen Bewußtsein ihrer geschichtlichen Tendenz und mit dem Heldenentschluß, ihrer würdig zu handeln, kann die Arbeiterklasse sich begnügen, zu *lächeln* gegenüber den plumpen Schimpfereien der Lakaien von der Presse wie gegenüber der lehrhaften Protektion wohlmeinender Bourgeoisiedoktrinäre, die ihre unwissenden Gemeinplätze und Sektierermarotten im Orakelton wissenschaftlicher Unfehlbarkeit abpredigen."

Manfred Buhr

Inhalt

Vorwort

Zu einer Zeit, da sich in Europa eine gewisse politische Entspannung abzeichnet und Möglichkeiten einer wirtschaftlichen Zusammenarbeit zwischen den entgegengesetzten Gesellschaftssystemen sichtbar werden, gewinnt die ideologische Auseinandersetzung immer mehr an Bedeutung. Die Ideologen des Monopolkapitalismus überschütten die Werktätigen in der BRD mit einer Flut von Theorien, die letztlich alle den einen Zweck haben, die wirklichen gesellschaftlichen Zusammenhänge zu verschleiern und die Werktätigen vom Klassenkampf abzuhalten. Da gibt es eine „Theorie der Manager“, eine „Theorie der Herrschaft der Technokraten“, die „Theorie vom Verschwinden der Klassen“, vom „Miteigentum der Werktätigen an kapitalistischen Betrieben durch den Kauf von Kleinaktien“ usw., usw...

Die imperialistischen Ideologen beschränken sich nicht darauf, ihre ganze Manipulationsmaschinerie aufzubieten, um den westdeutschen Werktätigen diese verschiedenen Theorien plausibel zu machen. Sie benutzen auch alle Kanäle, um vermöge dieser neuen ideologischen Varianten auf die Werktätigen der sozialistischen Länder einzuwirken. Eine spezielle Aufgabe erfüllen im Rahmen der erwähnten Theorienbildungen die im monopolkapitalistischen Herrschaftsbereich verbreiteten Auffassungen über Bedeutung und Rolle der Kybernetik. Die vorliegende Schrift setzt sich in erster Linie mit einigen der hieran anknüpfenden Ideologien auseinander.

Die von bürgerlichen Autoren vorgenommenen Einschätzungen und Bewertungen der Kybernetik sind außerordentlich vielschichtig und reichen von strikter Ablehnung bis zu euphorischer Begeisterung. In ihrer kurzen Geschichte als Wissenschaft wurde die Kybernetik dazu mißbraucht, die unterschiedlichsten idealistischen weltanschaulichen Konzeptionen zu stützen und die verschiedenartigsten politischen Entscheidungen zu rechtfertigen. Eine solche Vielfalt der Ansichten und Strömungen gibt es auch heute noch. Dennoch hat sich ein deutlicher Wandel vollzogen, wenn man die Einstellung der bürgerlichen Philosophie gegenüber der ersten Entwicklungsphase der Kybernetik mit ihrer Einstellung gegenüber der Kybernetik heute vergleicht. Während nämlich Anfang der 50er Jahre die Ansicht vorherrschte, daß die Kybernetik wegen ihres angeblichen Mechanizismus abzulehnen sei (wofür gewöhnlich theologische Argumente ins Feld geführt wurden), standen später und stehen heute überwiegend die Konzeptionen neopositivistischer Art im Vordergrund. Dabei wird u. a. versucht, die Kybernetik und ihre Ergebnisse für eine „Aussöhnung" des Materialismus mit dem Idealismus auszunutzen. In diesem Zusammenhang werden verschiedene Varianten eines „kybernetischen Idealismus" konstruiert, die nicht weniger haltlos sind als der seinerzeit von Lenin kritisierte „physikalische Idealismus".[1]

Wir haben uns schon vor mehr als zehn Jahren ausgiebig mit den verschiedenen Varianten jenes „kybernetischen Idealismus" auseinandergesetzt. Gleichzeitig hatten wir nachgewiesen, daß die Resultate der Kybernetik in Wirklichkeit zu den eindrucksvollsten Bestätigungen des dialektischen und historischen Materialismus als Weltanschauung der Arbeiterklasse gehören und daß die einzelwissenschaftlichen Kategorien und Methoden der Kybernetik in ihrem Wesen materialistisch und dialektisch sind.[2] Die Kybernetik findet ihre weltanschauliche und methodologische Heimat nicht in irgendeiner Variante bürgerlicher Philosophie, sondern in der Philosophie und Weltanschauung des Marxismus-Leninismus: „Die philosophischen Schlußfolgerungen aus den Ergebnissen der Kybernetik, der elektronischen Rechentechnik, der Automatentheorie und der mathematischen Logik sind eine Bereicherung der Weltan-

[1] Vgl. hierzu: W. I. Lenin, Materialismus und Empiriokritizismus, in: Werke, Bd. 14, Berlin 1962 – Vgl. auch: A. Berg/B. Birjukow/J. Nowik, Methodologische Aspekte der Kybernetik, in: Kommunist Nr. 18, 1971 (russ.)

[2] Vgl. G. Klaus, Kybernetik in philosophischer Sicht, 1. Aufl., Berlin 1961

schauung des dialektischen Materialismus. Gleichzeitig spielen die methodologischen Grundsätze des dialektischen Materialismus eine wesentliche Rolle für weitere Fortschritte in der Erforschung von Steuerungs- und Informationsprozessen. Die marxistisch-leninistische Philosophie kann gerade durch ihr tiefes Eindringen in die Ergebnisse der Kybernetik zur bestmöglichen Organisation der Forschungen auf diesem Wissenschaftsgebiet beitragen."[3]

Von diesen grundsätzlichen Positionen ausgehend, werden wir im folgenden in unterschiedlichen Zusammenhängen zu zeigen versuchen, welchem Mißbrauch die Kybernetik und ihre Resultate im Rahmen einiger der heute verbreiteten monopolkapitalistischen Ideologien ausgesetzt sind.

Georg Klaus

[3] Vgl. A. Berg/B. Birjukow/J. Nowik, Methodologische Aspekte der Kybernetik, in: Kommunist Nr. 18, 1971 (russ.)

1. Kybernetik als Universalphilosophie

Eine Form des Angriffs der bürgerlichen Ideologie gegen den dialektischen Materialismus unter Ausnutzung der Kybernetik und Informationstheorie ist eine – scheinbar ganz objektive – These, die sich sowohl gegen den Materialismus wie gegen den Idealismus zu richten scheint. Durch sie soll die Grundfrage der Philosophie als durch den Fortschritt der Wissenschaft überholt erklärt werden können und der Kampf zwischen Materialismus und Idealismus zu einem Scheingefecht, zu einer nutzlosen geistigen Anstrengung degradiert werden.

Natürlich ist diese Ansicht nicht besonders originell, denn sie beruht ja auf einer der „Fundamentalthesen" des Positivismus. In bezug auf die Kybernetik stammt die Grundlage zu diesem Verfahren von Norbert Wiener, dem Stammvater der Kybernetik, der freilich seiner gesamten philosophischen Einstellung nach keineswegs einfach als Positivist und sicher auch nicht als Idealist angesehen werden kann.

Ausgehend vom Phänomen der Information stellt er fest, daß Informationen weder materiell noch ideell sind, daß es also etwas Drittes gebe, was weder durch den Materialismus noch durch den Idealismus erfaßt werden könne, was zu erfassen aber der Kybernetik und Informationstheorie vorbehalten sei.[1] Damit wird der Kybernetik und der Informationstheorie ein Bereich zugewiesen, der über dem des Materialismus und dem des Idealismus stehen soll. Diese philosophischen Hauptrichtungen werden zugleich auf das Niveau des vorwissenschaftlichen philosophischen Denkens erniedrigt. Wenn es Bereiche gäbe, die der dialektische Materialismus nicht erfassen könnte, so entfiele sein Anspruch, eine Theorie der allgemeinen Gesetze der Natur, der Gesellschaft und des Denkens zu sein.

Wieners Fehler wird sichtbar, wenn man seinen so oft zitierten Satz über die Information, die weder Materie noch Energie sei, einmal in dem Zusammenhang wiedergibt, in dem er tatsächlich steht: „Das mechanische Gehirn scheidet nicht Gedanken aus ‚wie die Leber ausscheidet‘, wie frühere Materialisten annahmen, noch liefert sie diese in Form von Energie aus, wie die Muskeln ihre Aktivität hervorbringen. Information ist Information, weder Materie noch Energie. Kein Materialismus, der dieses nicht berücksichtigt, kann den heutigen Tag überleben."[2]

Damit ist völlig klar, daß Wiener hier der mechanische Materialismus vor Augen steht, für den Materie nicht viel mehr als Stoff ist. Sobald man jedoch den Materiebegriff des dialektischen Materialismus zugrunde legt, wie er von Lenin charakterisiert worden ist, kann man sich auf den „Kronzeugen" Wiener nicht mehr beziehen, wenn man mit kybernetischen Argumenten gegen den Materialismus vorgehen will. Für den dialektischen Materialismus steht es außer allem Zweifel, daß informationelle Prozesse in jedem Fall an materielle Vorgänge gebunden sind: Informationen werden von (materiellen) Systemen aufgenommen, verarbeitet, abgegeben, und sie werden zwischen solchen Systemen ausgetauscht. Jede Information bedarf eines (materiellen) Trägers; Informationen ohne solche Träger gibt es nicht.[3] Dies vorausgesetzt, ist aber Information in der Tat weder Stoff noch Energie, und der dialektische Materialismus berücksichtigt diesen Tatbestand bei seiner Analyse des Informationsbegriffes und der informationellen Phänomene.

In derselben Richtung liegend, aber wesentlich subtiler, ist der Versuch, nachzuweisen, daß sich die philosophischen Hauptrichtungen isomorph auf die Kybernetik abbilden lassen. Da Kybernetik und Informationstheorie gegenüber den Medien, in denen sie und von denen sie handeln, invariant sind, erscheint eine solche Möglichkeit auf den ersten Blick als durchaus plausibel. Es genügt hierzu, das einfachste Grundelement der Kybernetik zu betrachten, den kybernetischen Regelkreis. Bekanntlich besteht er aus der Regelstrecke, aus Rezeptoren, aus informationsverarbeitenden Zentralen und aus Effektoren. Die informationsverarbeitende Zentrale ist der Regler, der die Regelstrecke „steuert". Dies geschieht mit Hilfe der Effektoren. Über den Erfolg seiner Betätigung der Effektoren wird er durch die Rezeptoren unterrichtet, die ihn vom Geschehen in der Regelstrecke unterrichten. Danach richtet sich sein weiteres Verhalten.

Regelkreise dieser prinzipiellen Art – wenn auch in den verschiedenartigsten Ausbildungen – finden wir in der anorganischen Welt, in der Welt der Lebewesen, im Bereich der menschlichen Gesellschaft und im höchstorganisierten Bereich der Materie, dem menschlichen Gehirn. Rohracher hat die Existenz von Regelkreisen dieser Art im Bewußtsein des Menschen gezeigt.[4]

Damit ist eine isomorphe Abbildung wenigstens zunächst schon für den einfachen Regelkreis möglich. Anorganische, organische und gesellschaftliche Regelkreise einerseits, Bewußtseinsregelkreise andererseits lassen sich isomorph auf einen abstrakten Regelkreis abbilden, der nicht zwangsläufig aus einem bestimmten Material besteht und mit bestimmten Energiearten arbeitet.

Es läßt sich zeigen, daß wir die gleiche Erscheinung auf fast allen Ebenen der Grundkategorien der Kybernetik und ihrer Relationen vorfinden. Die Abbildung der wichtigsten philosophischen Richtungen auf die Kybernetik scheint damit im Prinzip durchführbar. Wir wollen uns in diesem Zusammenhang kritisch mit einigen Verfechtern dieser Denkrichtung auseinandersetzen. Dies ist um so notwendiger, als die scheinbar kühle und leidenschaftslose Sachlichkeit der Vertreter dieser Richtung gefährlicher ist als der wütende, auf Emotionen aufbauende direkte Angriff gegen den dialektischen Materialismus.

Es gibt gegenwärtig eine ganze Reihe von bürgerlichen Autoren, die in dieser Richtung wirken. Aber der Grad ihrer Wirksamkeit ist recht unterschiedlich, jedenfalls, wenn man sie etwa an der Verbreitung ihrer Schriften und der von ihnen vertretenen Auffassungen mißt. So hat z. B. Peter K. Schneider diese Denkungsart in ein regelrechtes (objektiv-idealistisches) „System" gebracht.[5] Seine Schrift dürfte indessen vielfach gar nicht bekannt sein, denn sie wird wenig zitiert, und ihre Wirkung bleibt z. B. weit hinter dem Einfluß der Arbeiten von Karl Steinbuch zurück, dem westdeutschen „Show-Master" der Kybernetik, wie ihn eine bürgerliche Zeitung in der BRD boshaft nennt.[6] Wir wollen uns daher in diesem Zusammenhang vor allem mit Steinbuch auseinandersetzen. Während der Schneidersche Versuch objektiv idealistisch ist, will Steinbuch eine „kybernetische Universalphilosophie" auf der Grundlage des mechanischen Materialismus aufbauen; alles soll auf Physik reduziert werden. Die Schwäche dieses Versuches zeigt sich wohl am deutlichsten bei der Übertragung der Problematik auf die Gesellschaft. Der Steinbuchsche Begriff einer „Hinterwelt", in der Betrüger, Scharlatane, Fanatiker die Schuldigen an den gesellschaftlichen Mängeln unserer Zeit sind, erinnert an manche französischen Aufklärer des 18. Jahrhunderts, die für Schwächen und Mängel der Gesellschaft einzelne Personen oder Personengruppen verantwortlich machten und die klassenmäßigen Hintergründe der Produktionsverhältnisse nicht sahen.

Der Anspruch der Kybernetik, als Universalphilosophie zu gelten, wird von Steinbuch explizit formuliert: „Die Kybernetik ist ein Weg zu einer neuen Einheit der Wissenschaften. Sieht man von einigen deklamatorischen Redewendungen ab, so ist sie der einzige glaubwürdige Ansatz, das geborstene Gebäude unserer Wissenschaften wieder zusammenzufügen."[7] Steinbuch sieht den Unterschied zwischen Automat und Mensch in letzter Instanz nur darin, daß die Kette von Geburt, Leben und Tod uns Menschen verbinde und uns von den Automaten scheide.[8] Sicherlich ist diese Auffassung Materialismus, auch wenn Steinbuch sich gegen dieses – wie er es nennen würde – „Etikett" wehren würde. Das einzige Argument, das ihm allerdings zur Verfügung steht, ist antiquiert, es geht nämlich von der Rolle der Information aus, und mit Wiener wiederholt er, daß Information weder Materie noch Energie sei. So schreibt er auch im Anschluß an obiges Zitat: „Nichts aber berechtigt uns zu der Annahme, daß der Mensch den Gesetzen der Materie, der Energie und der Information entrinnen könne."[9] Es steht Steinbuch natürlich frei, seinen eigenen Materiebegriff einzuführen, denn schließlich hat es in der Geschichte der Philosophie und er Physik mehr als einen Materiebegriff gegeben! Wenn er aber darauf Anspruch erheben will, moderne Philosophie zu treiben, vor allem, wenn er marxistische Auffassungen bekämpfen möchte, dann muß er wohl den marxistischen Materiebegriff zugrunde legen.

Für den Marxismus-Leninismus sind aber, was Lenins „Materialismus und Empiriokritizismus" zu entnehmen ist, Stoff und Energie nur Aspekte der Materie. Heute muß hierzu die Information als weiterer Aspekt hinzugefügt werden. Das bedeutet keineswegs, daß die Klassiker des Marxismus nicht erkannt hätten, daß es neben Stoff und Energie noch eine weitere universelle Eigenschaft der Materie gibt. Lenin betrachtete bekanntlich die Fähigkeit zur Widerspiegelung als eine solche allgemeine Eigenschaft der Materie, und man kann wohl mit gutem Grund darin eine Vorwegnahme der späteren Entdeckungen bezüglich des universellen Charakters informationeller Prozesse erblicken. Auch das, was von den Klassikern über die Dialektik von Stoff und Form gesagt worden ist, enthält implizit Wesentliches über das Verhältnis von Stoff und Information.

Wir haben davon gesprochen, daß der „physikalische Materiebegriff" nicht mit dem philosophischen identisch ist. Insofern ist Steinbuch im Sinne des dialektischen Materialismus ein *mechanischer* Materialist! Als einer der Belege für diese Behauptung mag folgendes Zitat dienen: „Was Automat und Mensch unterscheidet, sind nicht Unterschiede der Gesetzmäßigkeiten (z. B. hier Physik und dort eine hypothetische ‚Geisteswissenschaft'), sondern die innerhalb einer und derselben Gesetzmäßigkeit, nämlich der Physik, realisierten Strukturen."[10]

Diese Auffassung finden wir bereits bei den Materialisten des 18. Jahrhunderts, vor allem bei Laplace. Sie läuft darauf hinaus, daß etwa das Verhältnis von Angebot und Nachfrage in der Volkswirtschaft auf quantenphysikalische Effekte zurückgeführt werden könne. Dem möchten wir entschieden widersprechen. Der Unterschied zwischen diesen beiden Gesetzmäßigkeiten, die wir als Beispiel anführten, besteht nicht nur darin, daß die eine Gesetzmäßigkeit, die volkswirtschaftliche, durch Summierung der anderen entsteht. In der Evolution der Materie gibt es dialektische Sprünge, die dadurch gekennzeichnet sind, daß jenseits des Sprunges neue Gesetzmäßigkeiten entstehen. Dies kann etwa durch Zunahme der Zahl der Elemente des Systems geschehen. Ein einfaches Gedankenexperiment zu dieser Problematik haben wir in unserem Buch „Kybernetik in philosophischer Sicht" gegeben. So ist etwa der Übergang von einem System mit zwei Elementen zu einem mit drei Elementen schon mit qualitativen Sprüngen behaftet, denn mit drei Elementen kann man bereits eine ringförmige Struktur herstellen, was mit zwei Elementen nicht möglich ist. Eine ringförmige Struktur stellt aber gegenüber anderen, nur linearen, einen qualitativen Unterschied dar. Dazu gibt es in der marxistischen Philosophie eine Fülle von Literatur, und es erübrigt sich, das tausendmal Gesagte hier noch einmal zu wiederholen.

Kehren wir indessen zu Steinbuchs Ausflügen in den Bereich der Gesellschaft zurück. Er hat den Begriff der „Hinterwelt" eingeführt und versteht darunter alle Denkweisen, die alogisch, unkontrolliert, mystisch, religiös, dogmatisch sind. Ebenso versteht er darunter Verhaltensweisen, die irrational, rein emotional bedingt sind. Vieles, was er in diesem Zusammenhang sagt, wird jeder Wissenschaftler, der es ernst mit der Wissenschaftlichkeit meint, unterstreichen können. Bedauerlich ist es aber, daß er ohne nähere Prüfung *die* Ideologie in Bausch und Bogen zu diesen Denkweisen rechnet. Man merkt seinen Bewertungen der Ideologie allzudeutlich an, daß er das umfangreiche marxistische Schriftgut zu diesem Begriff überhaupt nicht kennt. Für den Marxisten ist Ideologie nichts Mystisches, Unerklärliches. Im Gegenteil, der Marxist erklärt die Ideologie aus den ökonomischen Verhältnissen, d. h. aus Verhältnissen, die nach Steinbuch nicht nur rational erklärbar sind und erforscht werden können wie jeder Gegenstand der Naturwissenschaften, sondern die sich sogar auf Gesetze der Physik reduzieren lassen sollen!

Die globalen Angriffe Steinbuchs auf Ideologie sind völlig ungerechtfertigt. Der Marxismus-Leninismus unterscheidet zwei Formen der Ideologie, die wissenschaftliche und die unwissenschaftliche. Beiden gemeinsam ist es, daß sie bewußtseinsmäßiger, geistiger Ausdruck der ökonomischen und politischen Interessen bestimmter Gesellschaftsklassen sind. Die Funktionen der sozialistischen und der kapitalistischen Ideologie sind aber völlig verschieden. Im Falle der kapitalistischen Ideologie handelt es sich vor allem darum, den Ausbeutungscharakter der kapitalistischen Gesellschaftsordnung zu verschleiern. Dieser Ausbeutungscharakter *existiert* – auch nach Steinbuch! Zum Beispiel findet sich in den Büchern von Steinbuch mehrfach eine sehr klare Formulierung der zunehmenden *relativen Verelendung* (um im Sinne von Marx zu sprechen). Während die kapitalistische Ideologie also das Wesen der kapitalistischen Gesellschaftsordnung in dieser oder jener Weise verschleiern soll, hat die sozialistische Ideologie die Funktion, das Wesen der kapitalistischen Gesellschaftsordnung aufzudecken. Wissenschaftlichkeit und Ideologie treten hier nicht in Gegensatz.

Auch aus den Schriften Steinbuchs ergibt sich, daß die Kybernetik gar nicht die Universalwissenschaft sein kann, die Steinbuch gern aus ihr machen möchte. Einige wesentliche Aspekte der Philosophie werden nämlich von der Kybernetik gar nicht behandelt – eben z. B. die Ideologie. Es fällt aber darunter auch der ganze Weltanschauungscharakter der Philosophie. Die Ethik z. B. wird bei Steinbuch als wesentliches Moment kybernetischer gesellschaftlicher Systeme vorausgesetzt, aber nicht aus der Kybernetik erklärt! Der historische Materialismus hingegen erklärt die verschiedenen Formen der Ethik durch die Analyse der gesellschaftlichen Verhältnisse. Diese Aufzählung der grundsätzlichen Unterschiede zwischen Kybernetik und Philosophie läßt sich fortführen. Kybernetik kann also niemals die Universalphilosophie sein.

Steinbuch schreibt: „Unsere These ist jeder gedanklichen Spekulation abhold, sie zwingt dazu, alle Denkakte mit beobachtbaren Vorgängen der Außenwelt zu vergleichen und führt zu einer nüchternen und skeptischen Haltung gegenüber Ideologien. Und wer hätte eine solche ideologienzerstörende, skeptische Haltung dringender nötig als unser deutsches Volk, das durch seine fortdauernde Anfälligkeit gegenüber phantastischen Ideologien unermeßliches Leid erlitten und schwere moralische Schuld auf sich geladen hat?“[11] Obwohl er sich hier gerade dagegen wendet, Ideologien Raum zu geben, tritt er doch in Wirklichkeit mit diesen Worten selbst als Ideologe auf, und zwar im Sinne einer unwissenschaftlichen Ideologie, die nach Marx und Engels falsches gesellschaftliches Bewußtsein ist. Das mag vielleicht auf den ersten Blick Erstaunen erregen, da Steinbuch ständig – und hier schließen wir uns ihm an – für nüchternes, kontrollierbares Denken eintritt. Seine Ausführungen können aber nur dazu führen, daß a) das Heilmittel gegen falsche Ideolgien auf der falschen Ebene gesucht und b) die spezifische Rolle des deutschen Imperialismus verschleiert wird. Nicht der deutsche Imperialismus, der aggressive deutsche Militarismus, sondern eine „fortdauernde Anfälligkeit gegenüber phantastischen Ideologien" wird zum Hauptschuldigen des Leids gemacht, das die deutschen Machthaber anderen Völkern und dem eigenen Volk angetan haben. Falsche, phantastische Ideologien werden nicht dadurch beseitigt, daß man den Menschen rationales, vernünftiges Denken lehrt; das ist nicht einfach eine Erziehungsfrage. Es müssen primär die gesellschaftlichen Verhältnisse geändert werden, aus denen solche Ideologien zwangsläufig herauswachsen müssen. In einem kapitalistischen Land kann es kein Erziehungswesen, keine Denkschulung geben, die letztlich zu einem Handeln führt, das die Abschaffung des Kapitalismus nach sich zieht. Gerade an den entscheidenden Punkten erweist sich die Philosophie Steinbuchs als eine Philosophie, die zwar in vielen Bereichen eine richtige Kritik an bestehenden Verhältnissen ansetzen kann, die aber nicht imstande ist, reale Wege zur Beseitigung dieser Verhältnisse aufzuzeigen, die Menschen zu mobilisieren, die diese Wege gehen. Dort, wo Steinbuch Heilmittel anpreist, gehören sie in den Bereich des utopischen Sozialismus, den schon Marx und Engels entschieden bekämpft haben. Wir betrachten es nicht als Zufall, daß wieder einmal der mechanische Materialismus im Bereich der Erkenntnistheorie Hand in Hand mit dem utopischen Sozialismus in der Lehre von der Gesellschaft geht. An dieser Feststellung ändert auch die Tatsache nichts, daß der moderne utopische Sozialismus natürlich – verglichen mit dem utopischen Sozialismus des 18. und des beginnenden 19. Jahrhunderts – über eine ganz andere einzelwissenschaftliche Ausrüstung verfügt und sich auf eine Reihe von Hilfswissenschaften stützen kann. Ein anderer, äußerst wichtiger Unterschied ist die Tatsache, daß damals der utopische Sozialismus in gewissem Umfange eine progressive Rolle gespielt hat, daß er aber heute, nachdem nicht nur der wissenschaftliche Sozialismus längst aus der Taufe gehoben wurde, sondern der Sozialismus in einer ganzen Reihe von Ländern bereits als reale gesellschaftliche Macht existiert, nur noch eine negative, hemmende Rolle spielt, fast stets als Gegner und Feind des wissenschaftlichen Sozialismus auftritt und somit auch von den reaktionären Kräften des Imperialismus, die er ja doch eigentlich bekämpfen sollte bzw. wollte, in die Rolle eines Bundesgenossen gedrängt wird.

Schließlich führt Steinbuch noch ein Argument an, das, wenn es richtig wäre, ein wesentliches Argument für die Möglichkeit der Ausgestaltung der Kybernetik zur Universalwissenschaft, d. h. also auch Universalphilosophie, wäre: Er spricht davon, daß die Durchdringung aller Wissenschaften mit kybernetischen Denkweisen zu einer „Homogenisierung“ der Wissenschaften führt. Er fährt dann fort: „Das Nebeneinander verschiedener Denk-Riten in verschiedenen Bereichen ist höchst unökonomisch. Schon bei der Erziehung der Kinder muß in vielen Fällen differenziert werden, welche Denkweise wann zulässig ist ... Aber auch im Alltag des Erwachsenen erfordert das Nebeneinander verschiedener Denk-Riten ständiges Umdenken und bedingt Anpassungsschwierigkeiten.“[12] Wir stimmen mit Steinbuch dahingehend überein, daß die Kybernetik tatsächlich geeignet ist, zu einer Homogenisierung der Wissenschaften zu führen. Es fragt sich nur, welcher Preis für diesen methodischen Gewinn gezahlt werden muß. Wenn die kybernetische Normierung dazu führt, daß wesentliche Tatbestände der Wissenschaft dabei untergehen bzw. unwesentliche plötzlich aufgewertet werden, dann wird diese Art der Denkökonomie zwielichtig. Wir glauben, daß die Kybernetik in letzter Instanz für *alle* Wissenschaften von Bedeutung ist, für manche Wissenschaften sogar von entscheidender Bedeutung. Selbst dort, wo die Anwendung kybernetischer Denkweisen nicht zu neuen Erkenntnissen führt, kann schon der Gewinn, der durch eine bessere Systematisierung, durch eine bessere Einfügung einer bestimmten Wissenschaft in das System der Wissenschaften erzielt wird, äußerst wertvoll sein. Oft ist es ja überhaupt so, daß neue Denkweisen ihre Laufbahn zunächst nicht mit neuen Entdeckungen beginnen, sondern damit, daß sie schon bekannte Einsichten aus dem bestehenden System der Wissenschaften unter neuen Aspekten betrachten, zu neuen Systematisierungen führen, eine Neuinterpretation wesentlicher Begriffe mit sich bringen. Als Einstein die spezielle Relativitätstheorie aus der Taufe hob, geschah dies nicht auf der Grundlage neuer, von ihm durchgeführter Experimente. Er hat zunächst nur die bestehende Situation in der Mechanik und der Elektrodynamik neu durchdacht. Dabei sprang schon frühzeitig als unerwartetes Ergebnis die schicksalsschwere Formel $E = m \cdot c^2$ heraus!

Ähnliches ist auch in der Kybernetik der Fall. Wir sind *für* die Ökonomie des Denkens dort, wo mehrere Theorien über denselben Gegenstand das gleiche leisten, aber mit einem unterschiedlichen Aufwand an Mitteln. Wir sind erklärte Gegner der Denkökonomie dort, wo im Interesse einer Durchsetzung dieses „Prinzips der Denkökonomie" der Interpretation der objektiven Realität Gewalt angetan wird.

Zu den grundlegenden Thesen einer kybernetischen Universalphilosophie gehört auch die These von der möglichen Reduktion der Erkenntnisvorgänge auf kybernetische Strukturen und Funktionen solcher Strukturen. Wenn wir hier wieder zunächst von den Thesen bzw. Hypothesen Steinbuchs, des bekanntesten und erfolgreichsten westdeutschen Autors für solche Fragen, ausgehen, dann vor allem deswegen:

a) Es ist erstaunlich, wieviel Erkenntnisgut aus einer Philosophie in Steinbuchs Überlegungen enthalten ist, die Steinbuch selbst völlig ablehnt, nämlich aus der marxistischen Philosophie.

b) Es ist erstaunlich, daß der in wissenschaftlichen Dingen so gründliche und nüchterne Rationalist Steinbuch immer wieder Pauschalurteile über philosophische Bereiche abgibt, die er, wie sich aus seiner Argumentation ergibt, nicht kennt bzw. gar nicht kennen kann, da nur so bestimmte Fehlurteile zu erklären sind.

So schreibt er etwa: „Die für Erkenntnisvorgänge wesentliche Reduktion der perzipierten Informationsmenge ist nur möglich, wenn eine Vorentscheidung darüber getroffen ist, welche Kennzeichen ‚wesentlich' und welche ‚unwesentlich' sind."[13] Wir stimmen dieser These völlig zu, müssen aber noch eine unerläßiche Ergänzung machen. Die Lehre von den wesentlichen und unwesentlichen Seiten der zu erkennenden Objekte, vom Vordringen von der Erscheinung zum Wesen erster, zweiter, dritter Ordnung usw. ist von Lenin ausführlich dargelegt worden und ist in vielen Ansätzen bereits bei Marx und Engels vorhanden! Nimmt man diese These als richtig an, so ist damit zum Beispiel der subjektive Idealismus bereits völlig widerlegt (es gibt natürlich – und das weiß jeder Kenner der marxistischen Literatur – noch viele andere Argumente, die die Unsinnigkeit des subjektiven Idealismus beweisen). Wenn die Welt nur die Welt meiner Empfindungen ist – modern ausgedrückt: Wenn die Welt nur die Menge der Informationen ist, die zu mir dringen –, dann kann es keinen Unterschied zwischen wesentlichen und unwesentlichen Empfindungen bzw. Informationen geben. Das Kriterium für diese Unterscheidung könnte ja dann nicht selbst wieder Empfindung sein, sondern müßte etwas außerhalb der Empfindungen und unabhängig von ihnen Existierendes sein. Etwas Derartiges, was also objektiv und real wäre, darf es aber nach der These des subjektiven Idealismus alter und neuer Prägung gar nicht geben.

Es geht uns hier vor allem darum, zu zeigen, daß etwa eine ausschließlich informationstheoretische Begründung der Erkenntnistheorie im Rahmen einer kybernetischen Universalphilosophie undurchführbar ist. Wir schätzen die Informationstheorie als Mittel zur Konstituierung einer modernen Erkenntnistheorie außerordentlich hoch ein. Das ändert aber nichts an der Tatsache, daß die Informationstheorie *allein* unfähig ist, eine komplette wissenschaftliche Erkenntnistheorie aufzubauen. Jedenfalls schließen wir uns in der Auffassung von der Bedeutung der Informationsprozesse A. Berg an, wenn er schreibt:

„Das Wesen der Widerspiegelung, so wie es von Lenin herausgearbeitet wurde, vertieft die dialektisch-materialistische Lehre von der Einheit von Materie und Bewegung sowie von Materie und Bewußtsein und bildet die Grundlage für eine konsequent materialistische Deutung jener Seiten der Psyche des Menschen und seines bewußten Handelns, die jahrhundertelang Spekulationsobjekt der Religion und des philosophischen Idealismus waren.

Auf der Grundlage der Leninschen Widerspiegelungstheorie arbeiten unsere Philosophen an einer Konzeption der Objektivität der Informationsprozesse, deren Nützlichkeit durch alle Erfahrungen der Entwicklung der Kyberntik bestätigt wurde. Nach dieser Konzeption ist das „Informationsfeld" ein integrierender Bestandteil der objektiven Realität selbst. In der Aufdeckung dieses fundamentalen Sachverhalts besteht einer der wichtigsten Beiträge der Kybernetik zum modernen wissenschaftlichen Weltbild. Die Untersuchungen der Kybernetik zeigen, daß die Grundbegriffe der klassischen Physik – Stoff, Bewegung, Energie, Raum, Zeit – für die Charakterisierung der realen Welt unzureichend sind. Für die Vollständigkeit dieser Charakterisierung ist der ebenso fundamentale wie allgemeine Begriff der Information unentbehrlich. Wenn der Mensch die Eigenschaften und Besonderheiten energetischer Felder (Gravitations-, elektrostatisches, magnetisches Feld u. a.) untersucht, muß er berücksichtigen, daß diese Felder auch Träger von Informationen sind.

Information existiert als eine objektive Seite der Naturerscheinungen in der ganzen Welt, im gesamten Universum. Aber nur ein geringer, wenn auch ständig größer werdender Teil dieser Information wird von uns wahrgenommen und widergespiegelt. So erlauben es z. B. die neuen Ergebnisse der Radioastronomie, Kenntnisse über Erscheinungen und Prozesse zu erhalten, die ihren Ursprung vor vielen Milliarden Jahren nahmen. Natürlich existieren diese Erscheinungen und Prozesse, die wir beobachten und die Träger von Information über kosmische Objekte sind, unabhängig davon, ob wir diese materiellen Informationsprozesse beobachten, die außerhalb unseres Organismus ablaufen.

So hat also, nach unserer Meinung, die Information als objektive Eigenschaft der Naturprozesse allgemeinen Charakter."[14] Ähnlich liegen die Dinge in dem Bereich der Philosophie, der in gewisser Weise der wichtigste dieser Wissenschaft ist, nämlich der der Gesellschaft. Gerade hier muß eine Philosophie erst zeigen, ob sie nur ein Instrument zur *Erklärung* der Welt oder auch zur *Veränderung* der Welt ist. Steinbuch hat mehr als einmal erklärt, daß er diese oder jene philosophische Strömung ablehnt, weil sie den Menschen daran hindere, aktiv an einer Änderung bzw. Verbesserung der Welt zu arbeiten. Dem stimmen wir zu, aber diese Kritik trifft nicht den Marxismus-Leninismus! Es war ja gerade Marx, der in einem der frühesten Dokumente des wissenschaftlichen Sozialismus, in den „Thesen über Feuerbach", davon spricht, daß die Philosophen *vor* der Entstehung des dialektischen und historischen Materialismus die Welt nur verschieden interpretiert hätten, daß es aber darauf ankomme, sie zu verändern![15]

Übrigens läßt sich in diesem Bereich auch am deutlichsten zeigen, daß da, wo Steinbuch glaubt, Thesen über die moderne Gesellschaft mit Hilfe der Kybernetik formulieren zu können, die man der marxistischen Gesellschaftslehre mit Erfolg entgegenstellen könne, er in Wirklichkeit nichts anderes tut, als gerade die marxistischen Thesen in der Sprache der Kybernetik zu formulieren. Was ergibt sich für den Marxismus-Leninismus durch Abstraktion aus der Analyse der bisherigen Geschichte der Menschheit? Man kann hierfür ein allgemeines Schema angeben, das sich in dieser Form mit hoher statistischer Wahrscheinlichkeit immer wieder durchsetzt:

a) Im Prozeß ihrer Arbeit stoßen die Menschen auf neue Geräte, Werkzeuge, Maschinen, die vor der Entstehung systematischer technischer Wissenschaften ihre Herkunft meist einem Trial-and-error-Verfahren verdanken, die von den produzierenden Individuen auf Grund vorliegender Bedürfnisse oder im Zuge der Optimierung der Produktionsvorgänge gefunden werden.

b) Neue Produktionsinstrumente erzeugen neue Formen des Zusammenarbeitens der Menschen in der Produktion. Ein Beispiel: Pfeil und Bogen wurden in einem Trial-and-error-Verfahren erfunden, was die Menschen von der oft gefährlichen Notwendigkeit befreite, Jagdbeute in Nahkämpfen zu besiegen und zu töten bzw. Jagdbeute mit hoher Fluchtgeschwindigkeit (Rehe, Hasen usw.) zu erlangen, die man als Verfolger, dem nur die eigene Geschwindigkeit des Laufens zur Verfügung steht, nur selten verfolgen kann. Pfeil und Bogen ändern aber auch das Zusammenleben der Mitglieder der einzelnen Horden und Stämme im Prozeß der Produktion, die im Anfang im wesentlichen die Erlangung von Jagdbeute ist. Um einen großen Hirsch zu töten oder gar einen Bären, bedurfte es des Zusammenwirkens der ganzen Horde. Diese Aufgabe kann jetzt ein einzelner geschickter Bogenschütze, der die schwachen Stellen der Jagdbeute (Herz, Lunge, Augen usw.) kennt, vielfach allein leisten. Es lockert sich also durch eine technische Erfindung der starre Zusammenhalt der Horde. Wir haben absichtlich ein ganz einfaches Beispiel gewählt, aber es lassen sich natürlich ebensogut Beispiele – und vielleicht sogar noch bessere – aus dem Bereich der heutigen Technik angeben.

c) Im Zuge der Optimierung der Gesellschaft, die im Durchschnitt immer eine Optimierung im Hinblick auf bessere Chancen des Überlebens ist, ändert das neue Zuammenwirken der Menschen in der Produktion das, was die Marxisten die Produktionsverhältnisse nennen.[16]

d) Mit den Produktionsverhältnissen ändert sich auch die Art und Weise, in der sich die Menschen der Besonderheiten ihrer Produktion und insbesondere ihrer Produktionsverhältnisse bewußt werden.

Das alles sagt Steinbuch mit eigenen Worten an den verschiedensten Stellen seiner Bücher. Er betont immer wieder die grundlegende Rolle der Technik. – s. Punkt a) – für die Entwicklung der Gesellschaft, er weist auf die revolutionierende Rolle der Technik im Hinblick auf das Zusammenleben der Menschen und insbesondere die Form ihrer Zusammenarbeit in der Produktion hin, und er erwähnt zwar nicht den Überbau als Ganzes und als geschlossenen Begriff, aber er geht ständig auf Bestandteile des Überbaus ein, z. B. auf den juristischen, ethischen und andere seiner Teile.

Eine wesentliche Rolle spielt bei Steinbuch der Begriff der „Motivation", in dem sich die Motive des menschlichen Handelns niederschlagen. Dem entspricht in der marxistischen Gesellschaft seinem rationalen Kern nach der von Steinbuch so sehr bekämpfte und abgelehnte Begriff der Ideologie!

Ein zentraler Bereich des gesellschaftlichen Bewußtseins ist schließlich die Kenntnis, die die Gesellschaft von der gesellschaftlichen natürlichen Umgebung gewonnen hat. Bei Steinbuch ist vom inneren Modell der Außenwelt die Rede. Wollte man das Bewußtsein kybernetisch definieren, so käme etwa heraus: das Bewußtsein ist das systematisch geordnete Resultat der Verarbeitung der Informationen, die von der Außenwelt zu uns dringen, und der Art und Weise der Operation mit diesen Informationen, mit dem Ziel, daraus Anweisungen für ein erfolgreiches Handeln gegenüber der Umwelt zu erreichen. Ideologie, Ethik usw. können nicht als kybernetische Begriffe gedeutet werden. Steinbuch selbst lehnt dies ausdrücklich ab. Damit aber entfällt auch unter diesem Gesichtspunkt der Anspruch der Kybernetik, als Universalphilosophie aufzutreten. Dies wäre nur dann möglich, wenn sich die Begriffsbildungen, die nicht unter die Zuständigkeit der Kybernetik fallen, als überflüssig erweisen würden; das ist aber gerade nicht der Fall. Es gibt offensichtlich eine ganze Reihe von Themen, die von allgemeiner und vor allem auch von philosophisch-weltanschaulicher Bedeutung sind und in einer kybernetischen Universalphilosophie keinen Platz haben. Steinbuch spricht im Zusammenhang mit der Kybernetik von einem Weg zu einer „neuen Einheit der Wissenschaften"[17]. Wir sind der Auffassung, daß diese Einheit der Wissenschaften durch Marx und Engels dadurch geschaffen wurde, daß der Materialismus auf die Gesellschaft ausgedehnt wurde. Dieses ist schon in frühen Schriften von Marx und Engels sehr ausführlich dargelegt. Es gibt ein System von Begriffen und Aussagen, das sowohl für den Bereich der Gesellschaft wie den der Natur zutrifft; dieses System wird im dialektischen und historischen Materialismus dargestellt. Steinbuch aber meint (an gleicher Stelle): „Das gegenwärtige Unbehagen an unserer wissenschaftlichen Situation rührt vielfach von der Zweiteilung der Wissenschaften, eine geisteswissenschaftliche und naturwissenschaftliche Abteilung, her. So einmütig diese Zweiteilung abgelehnt wird, so ratlos steht ‚man' meist vor der Frage, wie sie überwunden werden könne..." Steinbuch glaubt, diesen Weg in der Kybernetik gefunden zu haben, und nennt eine Reihe von gesetzmäßigen Beziehungen, die sowohl für den Bereich der Naturwissenschaften wie den der Gesellschaftswissenschaften gelten. Wir sind durchaus der Meinung, daß die Kybernetik als wichtiges Instrument bei der Herstellung der Einheit der Wissenschaften auf dem neuesten Stand der wissenschaftlichen Forschung in den verschiedenen Bereichen der Wissenschaft zu helfen vermag. Die Kybernetik allein kann diese Einheit der Wissenschaften aber nicht zustande bringen. Das führt wieder zu der von Steinbuch so sehr verketzerten Ideologie und ihrer Rolle! In den Naturwissenschaften geht es in erster Linie um die Gewinnung objektiver Gesetze, um Veränderung der natürlichen Welt, um Gewinnung von Erkenntnissen, die sich auf dem Umweg über die technischen Wissenschaften in Produktion, in zweckmäßige Umgestaltung der Gesellschaft und des Bereichs der Natur, der für die Gesellschaft wesentlich ist, umsetzen lassen. In den Gesellschaftswissenschaften ist dies keinesfalls so. Weite Bereiche der Gesellschaftswissenschaften (z. B. die Geschichtswissenschaft und die Politische Ökonomie) sind aufs engste mit der Ideologie derjenigen Gesellschaftsklasse verbunden, die diese Forschungen betreibt. Wir haben an anderer Stelle das Geschichtsbild analysiert, das heute in der BRD in verschiedenen Varianten angeboten wird.[18] Es zeigt sich dabei, daß die verschiedenen Interpretationen der geschichtlichen

Epochen in erster Linie dem Zweck dienen, ein Geschichtsbild zu vermitteln, das den Interessen der herrschenden Klasse in der BRD entspricht. Mag es sich nun um die Legende von dem notwendigen Kampf um neuen Lebensraum, von der Überlegenheit des abendländischen Menschen über andere Völkerrassen und dergleichen handeln, oder wird etwa der Geist Karls des Großen mit einem „Christlich-freiheitlichen Abendland" beschworen, immer ist der Zweck letztlich die Rechtfertigung einer bestimmten Politik oder eines bestimmten Wirtschaftssystems. Die Abendlandidee ist beispielsweise die geschichtsphilosophische Verklärung der NATO. Die geschichtlichen Elitetheorien der verschiedensten Art sollen die starke ökonomische Differenzierung innerhalb der kapitalistischen Gesellschaftsordnung rechtfertigen. Die Reichen sind eben reicher als die Armen, weil sie Angehörige einer Elite sind!

Eine Konstruktion wie die von Steinbuch bleibt also an der Oberfläche haften, ja mehr noch, sie lenkt von den wahren Ursachen der Mißstände (in unserem speziellen Fall des Gegensatzes von Naturwissenschaften und „Geistes"wissenschaften) ab. Steinbuch kritisiert mit Recht, daß es diesen unerträglichen Zustand, der zu einem schizophrenen wissenschaftlichen Bewußtsein führt, immer noch gibt. Da die von ihm angebotenen „Heilmittel" aber nichts nützen, sondern auf Fragen von zweitrangiger Wichtigkeit ablenken, trägt er gegen seinen Willen zur Aufrechterhaltung des Zustandes bei.

Wir wollen das Scheitern des Versuches, eine Universalphilosophie der Kybernetik aufzubauen, noch an zwei drastischen Beispielen demonstrieren. Steinbuch schreibt in seinem Buch „Programm 2000": „So begründet das rapide Wachstum der Unternehmergewinne und das schneckenhafte Wachstum der Arbeitseinkommen ein Ausmaß der Chancenungleichheit, das unerträglich ist, auch wenn hierfür elegante Erklärungen gegeben werden."[19]

Im „Kapital" von Karl Marx wird eine ausführliche Erklärung für diesen Zustand gegeben, die vielleicht nicht „elegant", aber wissenschaftlich richtig und bis heute wissenschaftlich richtig geblieben ist. Es handelt sich um nichts anderes als um den Begriff der sogenannten relativen Verelendung der Arbeiterklasse, den Steinbuch hier mit eigenen Worten beschreibt, offensichtlich, ohne die betreffenden Stellen aus dem „Kapital" zu kennen, sonst hätte er sie in irgendeiner Weise erwähnen müssen. Die Marxisten kritisieren selbstverständlich diese schrecklichen Mißstände, die Steinbuch erwähnt, ebenfalls, aber was die marxistische Philosophie von der Steinbuchs unterscheidet, ist die Tatsache, daß wir sehr wohl wissen, daß eine Kritik dieser Zustände allein nichts an den Zuständen ändert. Die relative Verelendung ist eine zwangsläufige Folge der Entwicklung des Kapitalismus; sie kann nur zusammen mit dem Kapitalismus beseitigt werden. Da Steinbuch *nicht* für die Abschaffung des Privateigentums an den Produktionsmitteln eintritt, also die Beantwortung der Grundfrage vermeidet (denn ihre wissenschaftliche Behandlung würde ja gegen die Prinzipien der „freiheitlichen" Wirtschaftsform der BRD verstoßen und im Widerspruch zu dem von Steinbuch immer wieder gepriesenen „freiheitlichen" Grundgesetz der BRD stehen), tut Steinbuch auch nichts Wirksames für die Beseitigung des von ihm kritisierten Mißstandes. Der Effekt ist also wieder der gleiche: Die kybernetische Interpretation der Oberflächenerscheinungen bei Vermeidung der Behandlung der eigentlichen Grundfrage dient letztlich wiederum der Beibehaltung des Zustandes, den Steinbuch hier angreift.

Im Anschluß an eine Analyse der Art und Weise, wie jetzt und künftighin neue Technik entsteht, schreibt Steinbuch: „Diese Darstellung zeigt, daß der technische Fortschritt in unserer Zeit hauptsächlich von geistigen Leistungen abhängt: Von der Motivation, dem Vorstellungsvermögen, der gedanklichen Verfügung über naturwissenschaftliche Gesetze, der Konstruktions- und Produktionsfähigkeit. Hiergegen sind die früher als wichtig angesehenen Komponenten Kapital und Arbeit von untergeordneter Bedeutung."[20]

Auch wir sind der Auffassung, daß die geistige Leistung immer stärker in den Vordergrund tritt, und im Sozialismus sprechen wir von der Verwandlung der Wissenschaft in eine unmittelbare Produktivkraft. Wenn jedoch Steinbuch hier Kapital und Arbeit der geistigen Leistung gegenüberstellt, so tauchen sofort ernste Bedenken auf: Die geistige Arbeit ist eben *auch* Arbeit. Man muß unterscheiden zwischen Formen der *konkreten* Arbeit, die wir nach irgendwelchen technischen, naturwissenschaftlichen und anderen Gesichtspunkten klassifizieren können, und der *abstrakten* Arbeit, wie dies Karl Marx im „Kapital“ getan hat. Unter einem Arbeiter im Kapitalismus verstehen wir noch immer einen Angehörigen der kapitalistischen Gesellschaftsordnung, der keine eigenen Produktionsmittel besitzt und daher gezwungen ist, seine Arbeitskraft auf dem Markt anzubieten. Das aber betrifft auch die Masse der Geistesarbeiter! (Steinbuch beschwert sich ja gerade darüber, daß der Geistesarbeiter gewissermaßen, was den Preis seiner Ware – der Arbeitskraft – betrifft, sehr stiefmütterlich behandelt wird.) Spricht man hingegen von Kapital und Arbeit, dann kann nur die abstrakte Arbeit gemeint sein, denn sonst wäre die Zusammenstellung semantisch unsinnig. Ist aber die abstrakte Arbeit gemeint, dann ist der Satz „... und Kapital und Arbeit von untergeordneter Bedeutung...“ unhaltbar, denn das beträfe ja auch die geistige Arbeit.

Wenn darauf hingewiesen wird, daß die geistige Arbeit heute immer mehr in den Vordergrund rückt, so ist auch dies wieder eine Erkenntnis schon der marxistischen Klassiker; sie besteht nämlich darin, daß die entscheidenden Schichten der Gesellschaft immer diejenigen sind, die mit der jeweils fortschrittlichsten Produktionsweise verbunden sind. Die fortschrittlichste Art der Produktion ist aber heute diejenige, die es mit Elektronik, mit elektronischen Rechenmaschinen, Datenverarbeitungsanlagen usw. zu tun hat. Die zunehmende Bedeutung der geistigen Arbeit geht schon daraus hervor, daß die moderne Maschinerie, etwa in Gestalt von Werkzeugmaschinen, Verkehrsmitteln (Flugzeuge) usw., einen steigenden Kostenanteil für elektronische Ausrüstung mit sich bringt. Bei vielen Typen von Flugzeugen kostet die elektronische Ausrüstung schon fast ebensoviel wie das ganze übrige Flugzeug.

Die von Steinbuch vorgenommene unzulässige Gegenüberstellung des Kapitals und der abstrakten Arbeit mit einer konkreten Form der Arbeit führt – ob Steinbuch dies will oder nicht – zur Auflösung des Begriffs der Arbeiterklasse. Diese Thesen werden auch nicht dadurch untermauert, daß man das Wort „Proletariat“ in Anführungszeichen setzt! Wer von der primitiven Vorstellung ausgeht, daß der Proletarier ein halbverhungertes, zerlumptes, schlecht untergebrachtes menschliches Individuum ist, der muß natürlich heute, wenn er an die höchstentwickelten kapitalistischen Länder denkt, zu der Auffassung kommen, daß es keine Proletarier mehr gibt. Aber so haben Marx und Engels den Proletarier nie definiert! Der Begriff des Proletariers läßt sich nur durch eine besondere Form der Beziehung einer Klasse von Menschen zum Eigentum an den Produktionsmitteln definieren, nicht aber so, wie dies Steinbuch tun möchte. Wenn die Kybernetik bei der Schaffung wissenschaftlicher Begriffe nicht *mehr* zuwege brächte – was erfreulicherweise nicht der Fall ist – als Auflösung alter Begriffe, die noch immer ihre Gültigkeit haben, und deren Ersetzung durch verschwommene Formulierungen, dann wäre es mit einer kybernetischen Universalphilosophie oder Gesellschaftstheorie nicht weit her. Es ist dies aber nicht nur ein erkenntnistheoretisches und logisches Problem aus dem Bereich der logischen Lehre von der Definition, sondern das Verfahren von Steinbuch hat leider höchst unerfreuliche Nebenwirkungen. Es suggeriert nämlich dem Leser, daß es Klassen im alten Sinn des Wortes nicht mehr gibt, daß es also auch keinen Klassenkampf geben kann, und daß es eben nur noch darum geht, diesen oder jenen Defekt in der Gesellschaft zu beseitigen und so zu einem stabilen, für alle Mitglieder der Gesellschaft annehmbaren gesellschaftlichen System zu gelangen. Das ist es gerade, was die Vertreter des Kapitalismus und insbesondere des heutigen Monopolkapitalismus, haben möchten und wofür sie alle Mittel der Manipulation einsetzen.

Steinbuch schließt sein Werk „Programm 2000" mit einer gesellschaftsphilosophischen Betrachtung ab. Er versucht, „. . . mehrere Fixpunkte der zukünftigen Entwicklung des Menschen . . ."[21] zu beschreiben. Vor allem möchte er sich dabei, wie schon so oft, mit einigen Aphorismen (denn als Thesen oder gar als Beweise kann man derartige Äußerungen nicht betrachten) vom Marxismus-Leninismus abgrenzen. Er schreibt: „Der konservative Marxismus-Leninismus ist durch seine Eigentumsfeindlichkeit widernatürlich. Der Neomarxismus ist durch sein Ziel einer herrschaftsfreien Gesellschaft unrealistisch."[22]

Sehen wir nun zu, wie sich diese Abgrenzung konkret ausnimmt! Der erste seiner „Fixpunkte" wird so beschrieben: „Der Mensch will seine wichtigsten Gebrauchsgegenstände und einen räumlichen Bereich als Eigentum haben. Die totale Vergesellschaftung seines Eigentums und Lebenbereichs ist widernatürlich und repressiv. Hieraus darf jedoch nicht abgeleitet werden, daß ein Mensch über die Produktionsmittel verfügen darf, mit denen andere Menschen täglich ihr Brot verdienen."[23] In jeder beliebigen elementaren Einführung in den Marxismus-Leninismus wird zwischen persönlichem Eigentum und Privateigentum an den Produktiosmitteln unterschieden. Das persönliche Eigentum ist durch die Verfassung der DDR oder z. B. der UdSSR gesetzlich geschützt. Wo die „widernatürliche Eigentumsfeindlichkeit" des Marxismus-Leninismus liegen soll, konnten wir nicht herausfinden. Die Eigentumsfeindlichkeit beschränkt sich im Marxismus-Leninismus auf das Privateigentum an den Produktionsmitteln, gegen das ja nun auch Steinbuch seine Bedenken anmeldet. Das scheint uns ein logischer und keinesfalls ein dialektischer Widerspruch zu sein! Außerdem zeigt es ein übriges Mal, daß Herr Steinbuch sich hier in einem Bereich bewegt (oder bewegen *will*?), in dem er nicht die elementarsten Kenntnisse besitzt.

Zum zweiten „Fixpunkt" wird gesagt: „Der Mensch ist biologisch darauf vorbereitet, in einer durch Über- und Unterordnung strukturierten Gesellschaft zu leben. Nur so ist ein Ausgleich zwischen den arterhaltenden Bedingungen der Gesellschaft, ... und dem individuellen Verhalten möglich."[24] Man könnte das, was Steinbuch hier sagt, als eine sehr saloppe Formulierung des Prinzips des demokratischen Zentralismus betrachten. Demokratischer Zentralismus ist, kybernetisch gesehen bzw. systemtheoretisch betrachtet, eine dialektisch widersprüchliche Einheit von Hierarchie und Autonomie. Total hierarchische Systeme sind unerhört störanfällig und letztlich instabil. Systeme mit völlig autonomen Teilsystemen (und letztlich sind ja auch die Individuen Teilsysteme – nämlich die unterste Schicht des Systems der Teilsysteme) sind im Sinne der Systemtheorie entartete Systeme; im landläufigen Sinn des Wortes „System" sind sie also überhaupt keine Systeme mehr. Das, was Steinbuch als „Neomarxismus" bezeichnet (wobei er vermutlich auch pseudomarxistische Systeme meint, die Elemente des Marxismus mit denen des Anarchosyndikalismus zu einem höchst eklektischen Ganzen vereinigen), hat mit Marxismus nichts zu tun. Wir geben Steinbuch recht, wenn er sagt, das Ziel dieser „Neomarxisten" sei unrealistisch.

Den dritten seiner „Fixpunkte" halten wir für absurd: „Sexueller Zwang führt zu Aggression, möglicherweise zu Kriegsbereitschaft oder gar Krieg. Da es in Zukunft keine Kriege mehr geben darf, ist die Entwicklung einer sexuell wenig repressiven Moral möglicherweise der Angelpunkt für die Erhaltung der menschlichen Kultur."[25] Dazu können wir nur sagen, daß es sich hier um die verblüffendste (wenn auch keineswegs sonderlich originelle) Erklärung für Kriegspsychosen und Kriegsvorbereitung bzw. Kriege handelt. Schuld an Kriegen hätten also nicht diejenigen, die daran profitieren, ergo in unserer Zeit der aggressive Imperialismus, sondern die durch Gesetze, Normen usw. zu stark eingeengte Sexualität! Auf eine kurze Formel gebracht, hieße dieses „wunderbare" Rezept: Sexuelle Freiheit, und die Welt hat den Frieden!

Unsere Achtung vor dem bedeutenden Informationstheoretiker Steinbuch und seiner wissenschaftlichen Integrität ist zu groß, als daß wir uns anheischig machen könnten, diesen dritten „Fixpunkt" allseitig zu analysieren und die nötigen Konsequenzen daraus zu ziehen. Im übrigen betrachten wir es auch nicht als unsere Aufgabe, uns an dieser Stelle mit den an S. Freud anknüpfenden modernen „Aggressionstheorien" auseinanderzusetzen; denn hier wird die von Steinbuch so strapazierte „Rationalität" in der eigenen Gedankenführung derart abrupt unterbrochen, daß es schwerfällt, ihr allein durch logisch-rationelle Argumentation beizukommen.[26]

Wenden wir uns einem weiteren, von Steinbuch diskutierten Thema zu: Was begründet den technischen Fortschritt, bzw. wie wird man reich? Steinbuch ist der Auffassung, daß heute nicht mehr in erster Linie Kapital und Arbeit die Wurzeln des technischen Fortschritts sind – und damit auch des gesellschaftlichen Reichtums –, sondern „... der geistige Entwurf, die Erfindung ..."[27] Wir haben schon darauf hingewiesen, daß diese Gegenüberstellung von Kapital und Arbeit einerseits und geistiger Leistung andererseits für eine wissenschaftlich betriebene Politische Ökonomie und Geschichtsphilosophie untragbar ist. Steinbuch wirft, wie wir zeigten, konkrete Formen der Arbeit mit der *abstrakten* gesellschaftlichen Arbeit, die Marx im „Kapital" ausführlich definiert hat, durcheinander. Die Behauptung Steinbuchs, daß derjenige, der „über gute Ideen verfügt", „hier und jetzt leicht Kapital und Arbeitskräfte finden"[28] könnte, widerspricht allen praktischen Erfahrungen. Im Kapitalismus ist die Zahl der um ihre Erfindungen betrogenen Erfinder Legion. Der Gang der Dinge dürfte auf einer anderen Ebene liegen: Erster Schritt – eine Erfindung wird gemacht; zweiter Schritt – es zeigt sich, daß diese ein gesellschaftliches Bedürfnis befriedigt; dritter Schritt – die großen Haie der Finanzwelt, Monopole und Trusts, bemächtigen sich dieser Erfindung; vierter Schritt – Prüfung der Marktsituation. Der Mann mit den Ideen, der die Erfindung gemacht hat, kann sehr zufrieden sein, wenn er im Rahmen dieser Produktion irgendeine gehobene Position (im günstigsten Fall im Direktorium) erhält!

Steinbuch räumt ein, daß auch dann, wenn ein neues Produkt gedanklich entworfen wurde, eine verwirklichende Produktion möglicherweise nicht stattfinden kann.[29] Aber er sieht das Haupthindernis im Fehlen der technischen Hilfsmittel. Gesellschaftliche Hindernisse, die sich etwa aus der gesellschaftlichen Struktur des betreffenden Landes ergeben, werden von ihm nicht berücksichtigt. Dabei gibt es doch genügend Beispiele für den Aufkauf von Erfindungen durch Monopole und Trusts nicht in der Absicht, eine Großproduktion aufzubauen, sondern diese Erfindungen in den Panzerschrank einzuschließen, um zu *verhindern,* daß sie produktionswirksam werden. Vom Konkurrenzkampf, vom Streben der Monopole und Trusts nach der Erzielung des Maximalprofits „abstrahiert" unser Autor, es bleibt alles im Rahmen der Technik. Da von der Gesellschaftsordnung, vom Konkurrenzkampf und der Klassensituation abgesehen wird, erheben die Ausführungen Steinbuchs selbstverständlich den Anspruch, im Prinzip für jede Gesellschaftsordnung unserer Zeit zu gelten. Sie sind also ein Aspekt der Konvergenztheorie.

In einer Hinsicht möchte er auch die gesellschaftlichen bzw. politischen Voraussetzungen berücksichtigen. Er schreibt: „Das Negative, das in der Öffentlichkeit oftmals ‚der Technik' zur Last gelegt wird, ist vorwiegend durch das versäumte Nachdenken der Verantwortlichen über die Folgen der Technik begründet. Erinnern wir uns an die sozialen Folgen des Webstuhls oder der Dampfmaschine: Die politischen Voraussetzungen für diese Techniken wurden erst nachträglich geschaffen . . ."[30]

Wer die heutige Stufe des Marxismus-Leninismus als dogmatisch bezeichnet, für den Marx des vorigen Jahrhunderts nur das Prädikat „überholt“ einräumen möchte und glaubt, auf dieser Grundlage den Marxismus-Leninismus kritisieren zu können, ohne in irgendeiner Weise die Werke der marxistischen Klassiker zu berücksichtigen, muß natürlich zu solchen grundsätzlichen Irrtümern kommen. Der geschichtliche Prozeß, dessen letztliche Grundlage die Dialektik von Produktivkräften und Produktionsverhältnissen ist, hat doch gar nichts mit dem „... versäumten Nachdenken der Verantwortlichen über die Folgen der Technik ...“[31] zu tun. Steinbuch, der immer wieder betont, daß Gesellschaftswissenschaft sich an der Methode der exakten Naturwissenschaften orientieren sollte, um zu objektiven Ergebnissen zu gelangen, verstößt hier selbst in krasser Weise gegen seine eigenen Grundsätze. Er gibt als Erklärung für den geschichtlichen Entwicklungsprozeß – von dem Marx sagt, daß wir ihn wie einen naturgeschichtlichen Prozeß behandeln müßten – ein völlig subjektivistisches Moment an, das „versäumte Nachdenken der Verantwortlichen“!

Natürlich gilt diese Feststellung, wie die Ausführungen Steinbuchs zeigen, nicht nur für den Kapitalismus, sondern ebenso für den Sozialismus. Worin sollte auch der Unterschied zwischen Kapitalismus und Sozialismus noch liegen, wenn nur noch die Produktivkräfte, nicht aber die Produktionsverhältnisse und der Überbau berücksichtigt werden? Im utopischen technokratischen Gesellschaftssystem, das Steinbuch offensichtlich im Auge hat, würde es also darum gehen, anstelle der Verantwortlichen, die nicht über die Folgen ihrer Handlungen nachdenken, eine Herrschaft der Fachleute zu setzen, die auf der Kybernetik und Informationstheorie, auf der Grundlage allgemeiner (physikalischer?) Prinzipien die „vernünftige“ Gesellschaftsordnung einrichten! Da dies für alle Gesellschaftssysteme gilt, wäre dann die leidige Auseinandersetzung zwischen kapitalistischem und sozialistischem Lager endlich aus der Welt geschafft. So einfach ist das nach Steinbuch alles, wenn man nur Kybernetik und Informationstheorie auf Probleme der Gesellschaft anwendet!

Steinbuch hält seine Werke offensichtlich für gefährlichen Sprengstoff und zitiert einen westlichen Autor, der ihm bescheinigt: „1. Steinbuchs Bücher enthalten eine Fülle unerwünschter Diskussionsbeiträge zur gegenwärtigen Ideologisierungskampagne ... 3. Das in der DDR latent vorhandene

Konvergenzdenken – die Erwartung einer allmählichen Annäherung zwischen der westlichen und kommunistischen Welt – würde gestützt, die ideologische Legitimität des SED-Regimes würde dadurch fragwürdig werden ... 4. Steinbuchs wenig schmeichelhafte Bemerkungen über das kommunistische System würden bei Lesern in der DDR auf fruchtbaren Boden fallen ...“[32] Die anderen beiden Punkte dieser Aufzählung haben wir weggelassen (2 und 5), weil sie belanglos oder trivial sind; z. B. die Feststellung, daß die Bücher Steinbuchs angeblich ein Beweis dafür seien, daß in der Bundesrepublik im Gegensatz zur DDR nicht nur eine Detailkritik, sondern eine aufs Ganze zielende Kritik möglich ist. Das bestreiten wir eben. Steinbuch soll doch einmal in Offenheit das Wesen der Trusts und Monopole, ihre Rolle bei der Anzettelung von Kriegen (die er ja *psychoanalytisch* erklären möchte!) darlegen und bei seinen Schlußfolgerungen bis zum Ende gehen, dann wird er sehr rasch feststellen, daß die „aufs Ganze“ gehende Kritik in der BRD eben doch nicht möglich ist.

Steinbuch bekennt sich zur Konvergenztheorie, wenn er schreibt: „Zwischen der rationalen Haltung, die wir anstreben sollten, und politischen Ideologien besteht keine sachlich begründete Verkopplung. Es wäre töricht, unnötig auf eine geistige Konzeption zu verzichten, die eine überlegene Basis für die zukünftige Entwicklung von Wissenschaft und Technik darstellt.“[33] Hier sind zwei Möglichkeiten denkbar: Entweder glaubt man, daß es möglich ist, die Ganzheit eines Wissenschaftsgebäudes ohne ideologische Problemstellung zu behandeln (wir sprechen von der Ganzheit einer Wissenschaft, weil natürlich eine Wissenschaft sehr wohl auf weiten Strecken ideologiefrei sein kann), das würde aber – wissenschaftlich gesehen – bedeuten, daß Steinbuch die drei Aspekte eines jeden Systems von Aussagen und letztlich auch einer jeden Wissenschaft, nämlich den syntaktischen, den semantischen und den pragmatischen, nicht mehr anerkennen will. Damit stellte er sich in Gegensatz zu Einsichten der Semiotik. Oder aber Steinbuch möchte *bewußt* von allem abstrahieren, was nicht direkt und unmittelbar mit Automatisierung, Kybernetik, Informationstheorie etc. zu tun hat. Natürlich sind solche Abstraktionen in gewissen Bezirken einer Wissenschaft möglich und notwendig. Wir sind nicht so naiv zu glauben, daß etwa die Funktionentheorie ideologisch bedingt sei.

Werden aber durch eine Vielzahl bürgerlicher Naturwissenschaftler, die ähnlich denken wie Steinbuch, solche Gedanken zu Gedanken des allgemeinen Bewußtseins der Intellektuellen, dann haben die Initiatoren solcher Auffassungen ein Beträchtliches zur Konvergenztheorie beigetragen. In diesem speziellen Fall geht es um die Meinung, daß der „objektive Tatbestand" der Kybernetik, Informationstheorie, Organisationswissenschaft etc. die ideologischen Gegner zusammenführen wird. Natürlich ist die Feststellung, daß hier ein unbewußtes Bekenntnis zur Konvergenztheorie vorliegt, noch keine Widerlegung der Konvergenztheorie. Sie dient aber dazu, die Fronten klar abzustecken.

Besonders deutlich wird dieses indirekte Bekenntnis zur Konvergenztheorie dort, wo Steinbuch die allgemeinen Prinzipien der Kybernetik auf das Problem der zweckmäßigen Organisation *menschlicher Aktivität* anwendet.[34] Die moderne Theorie und Technik der Organisation wird durch Kybernetik und Informationstheorie stark beeinflußt. Als einen der Hauptvorteile dieser neuen Form des Organisationsgedankens sieht Steinbuch die „Entideologisierung" der Organisation an. Er meint, daß in die Betrachtung der Elemente und Relationen einer Organisation folgende Momente eingehen müssen:

„Die Eigenschaften der Menschen und Sachen, welche die geplante Organisation bilden sollen, müssen so präzise als möglich erforscht und quantitativ fixiert werden. Hierbei werden viele Eigenschaften nur durch Wahrscheinlichkeitsaussagen erfaßt werden können."[35] Die Bemerkung, daß in eine Analyse des Verhältnisses der Menschen zueinander Wahrscheinlichkeitsaussagen eingehen, ist keine Einsicht, die von Steinbuch neu gewonnen worden wäre. Wir können sie bei Friedrich Engels: „Über die Entwicklung des Sozialismus von der Utopie zur Wissenschaft" nachlesen.[36] Das bedeutet nicht, daß die Ansichten von Engels und Steinbuch identisch sind. Steinbuch abstrahiert nämlich wieder einmal, und das ist gerade bei der Analyse der menschlichen Organisation wissenschaftlich unzulässig, von den Klassenbeziehungen. Damit trägt er ein weiteres Mal zur Durchsetzung der Konvergenztheorie bei. Seine Thesen haben zum Inhalt, daß die innere Logik der

Organisation bestimmte Formen des Verhaltens der Menschen zueinander gewissermaßen automatisch erzwingt, und zwar unabhängig von den Klassenbeziehungen der Menschen. Ohne daß dieser Anspruch ausdrücklich formuliert wird, ist darin enthalten, daß Steinbuchs Thesen universelle Gültigkeit beanspruchen, und zwar unabhängig davon, ob es sich um sozialistische oder kapitalistische Systeme bzw. Organisationen handelt. Als politisches Glaubensbekenntnis wird das – um es in diesem Zusammenhang zu wiederholen – so formuliert:

„Der letzte Grund ist politisch: Unsere These ist jeder gedanklichen Spekulation abhold, sie zwingt dazu, alle Denkakte mit beobachtbaren Vorgängen der Außenwelt zu vergleichen, und führt zu einer nüchternen und skeptischen Haltung gegenüber Ideologien. Und wer hätte eine solche ideologienzerstörende, sekptische Haltung dringender nötig als unser deutsches Volk, das durch seine fortdauernde Anfälligkeit gegenüber phantastischen Ideologien unermeßliches Leid erlitten und schwere moralische Schuld auf sich geladen hat?“[37]

Also wieder: Nicht der aggressive Monopolkapitalismus hat die Schuld an den beiden Weltkriegen getragen, sondern „die fortdauernde Anfälligkeit“ des deutschen Volkes gegenüber bestimmten Ideologien. Eine solche „Erklärung“ der Dinge kann nur schädlich sein, da die Wurzel des Übels dort gesucht wird, wo sie nicht ist. Die entscheidende Frage ist doch: Weshalb ist das deutsche Volk gegen bestimmte Ideologien anfällig, und woher kommen diese Ideologien? Wenn der ganze Erziehungsprozeß, dessen Rolle Steinbuch mit Recht immer wieder betont, sich in den Händen der herrschenden Klasse befindet und den jungen Menschen jahrelang falsche Leitbilder eingetrichtert hat, dann ist *hier* die Wurzel zu suchen! Es geht also immer wieder um dieselbe Angelegenheit: Ohne die Beseitigung des Systems des Monopolkapitalismus lassen sich auch die Fragen sekundärer Art nicht lösen, und da hilft auch keine Kybernetik und keine Informationstheorie!

Die Forderung Steinbuchs nach einer Entideologisierung ist deshalb utopisch, irreal. Es handelt sich nicht darum, die Ideologien abzuschaffen (das ist gar nicht möglich!), sondern den breiten Massen der Werktätigen und der Intelligenz eine *wissenschaftliche* Ideologie zu vermitteln (eine solche gibt es nämlich – im Gegensatz zur Auffassung Steinbuchs – durchaus!).

Was es nicht gibt, ist eine ideologische Konvergenz; solange es ökonomische und politische Interessen bei den Menschen gibt, die einander gegenüberstehen, solange wird es auch einander gegenüberstehende Ideologien geben. Da Steinbuch also die wirklichen Wurzeln der „deutschen Ideologie" nicht sehen will oder sehen kann, verlegt er die Problematik auf ein anderes Gebiet und schreibt: „Die Wurzeln dieser unintelligenten Politik zu suchen, wäre die Aufgabe für einen psychoanalytisch interessierten Historiker."[38]

Es liegt auf der Hand, daß wir Steinbuch hier nicht folgen können. Zwar sind wir mit Steinbuch durchaus einer Meinung, wenn er die Auffassung vertritt, daß Kybernetik und Informationstheorie für das Verständnis gesellschaftlicher Vorgänge eine große Bedeutung haben und in einer Reihe von Gesellschaftswissenschaften zu merklichen Fortschritten führen können und müssen. Aber gerade Steinbuch demonstriert uns, daß eine rein kybernetische Theorie der Gesellschaft wissenschaftlich nicht möglich ist.

Steinbuch ist sich darüber im klaren, daß gesellschaftliche Theorien nur dann wissenschaftlich wertvoll sind, wenn sie es gestatten, Aussagen über den weiteren Fortgang der Gesellschaft zu machen. In dieser Hinsicht unterscheidet sich eine wissenschaftliche Gesellschaftstheorie nicht von einer Naturwissenschaft. Nun haben aber gesellschaftliche Systeme eine bestimmte Besonderheit, es sind nämlich Systeme mit einer Zielfunktion, die durch die letztlich materiell bestimmten Klasseninteressen der im jeweiligen gesellschaftlichen System vertretenen Klassen festgelegt ist. (Steinbuch spricht von „subjektiven oder gruppeneigenen Maßstäben".)[39] Die Konvergenztheorie hätte nur dann recht, wenn es gelänge, eine Zielfunktion zu konstruieren, die für die gesamte Gesellschaft maßgebend ist. Solange die menschliche Gesellschaft aber in Klassen aufgeteilt ist, gibt es nur Zielfunktionen einzelner Klassen, die einander, je nach der Art der Klasse mehr oder weniger, stets jedoch widerspruchsvoll gegenüberstehen. Steinbuch schreibt:

„Es muß ein wichtiges Bemühen der Zukunftsforschung sein, die ‚Führungsgrößen' zu erkennen, welche die technischen und gesellschaftlichen Situationen zu verändern suchen. Hierbei darf nicht von der Vorstellung ausgegangen werden, es gäbe eine einzige Führungsgröße. In typischen Fällen bestehen ganze

Hierarchien solcher Führungsgrößen, und es ist wichtig zu wissen, welche Prioritäten zwischen ihnen bestehen."[40] Darin können wir ihm nur zustimmen. Aber Steinbuchs Forderung unterschlägt die Tatsache, daß jedwede Führungsgröße und jede Hierarchie solcher Führungsgrößen von den fundamentalen Interessen der jeweils herrschenden Klasse bestimmt sind. Und von diesen Klasseninteressen hängt nicht nur die Art der jeweiligen Führungsgrößen und ihrer besonderen Eigenschaften ab, sondern ebenso die Struktur entsprechender Hierarchien samt den geltenden Prioritätsvorschriften. So außerordentlich brauchbar die Kybernetik dafür sein mag – und es in Zukunft auch mehr und mehr sein wird –, die gesellschaftliche Entwicklung lenken zu helfen – sie ist ihrem ganzen Wesen nach nicht geeignet und nicht berufen, aus sich heraus Führungsgrößen der Entwicklung von Prozessen festzulegen, Prioritäten zu bestimmen und die Struktur ganzer Hierarchien von Führungsgrößen gar zu „errechnen". Unter unseren sozialistischen Bedingungen werden die allgemeinen Führungsgrößen von der Partei der Arbeiterklasse in Übereinstimmung mit den objektiven Interessen der Arbeiterklasse bestimmt. Von ihr werden auch auf der Grundlage der marxistisch-leninistischen Gesellschaftstheorie die wichtigsten Prioritäten bestimmt. Die ganze Hierarchie von Führungsgrößen aber wird unter sozialistischen Bedingungen letztlich durch das gesamte System der gesellschaftlichen Leitung festgelegt, das auf den Prinzipien des demokratischen Zentralismus beruht.

Soll freilich die Steinbuchsche Empfehlung für die Zukunftsforschung jenes Gesellschaftssystems gedacht sein – und dies wird der Fall sein –, in dem er lebt, so müssen wir Steinbuch wiederum als Utopisten erkennen: Die allgemeinen Führungsgrößen dieser Gesellschaft sind ja nicht nur denen der sozialistischen diametral entgegengesetzt, da sie auf den Klasseninteressen der Monopolbourgeoisie beruhen, sondern die inneren Widersprüche dieses Gesellschaftssystems erlauben es der herrschenden Klasse nicht einmal, ihr System von Prioritäten und eine entsprechende Hierarchie von Führungsgrößen in ein gewissermaßen widerspruchsfreies logisches System zu bringen.

2. Rebellion wider die Tatsachen

Eine der wichtigsten Thesen, mit deren Hilfe westliche Ideologen die Unverträglichkeit der Kybernetik mit den Lehren von Marx, Engels und Lenin nachweisen möchten, ist die Behauptung, daß gleichsam der „Geist" der Kybernetik langsam, aber unaufhaltsam den Sozialismus zerstören würde. Man argumentiert etwa so: Einerseits ist die Kybernetik unerläßlich, da sie Grundlage der Automatisierung und vieler wesentlicher Neuerungen in der Politischen Ökonomie, der Biologie, der Psycholgie etc. ist. Ein Staat bzw. eine Weltanschauung, die heute noch konkurrenzfähig sein will, muß sich irgendwie die Thesen der Kybernetik einverleiben. Andererseits wird festgestellt, daß eben diese Thesen in zahlreichen Punkten dem Sozialismus bzw. dem Kommunismus widersprechen, mag es sich nun um Formen der sozialistischen Demokratie, um das System der Regierung, um die Geisteshaltung der Wissenschaftler handeln. Das bekannteste Buch zu diesem Thema dürfte wohl das von Paloczi-Horvath sein.[41] Wir wollen uns vor allem an dieses Buch halten, weil es Standpunkt einer ganzen Literatur geworden ist. Wir werden uns dabei bemühen, nicht Thesen zu reproduzieren, die schon hundertmal aufgestellt wurden, und wir wollen es nach Möglichkeit auch vermeiden, das, was in unseren Büchern zu diesem Aspekt der Kybernetik gesagt ist, zu wiederholen.

Paloczi-Horvath schreibt: „Leninismus war... systematische Anwendung der Gewalt durch den Diktator, gegen die gesamte Bevölkerung einschließlich der Parteimitglieder und der Führerschaft. Der Parteiapparat war zum Automaten geworden, der vom Diktator manipuliert ist . . . Von den menschlichen Zahnrädern wurde nicht erwartet, daß sie sich zu den voraussichtlichen Folgen dieser Aktionen äußerten... Wenn das tatsächliche Ergebnis der Aktion anders war, als man erwartet hatte, so mußte dies der Fehler des ausführenden Funktionärs, nicht aber des Auftrages sein ... In der Sprache der Kybernetik fehlte es an feedback, an der Rückkopplung."[42] Kybernetisch ausgedrückt, heißt dies

1.)

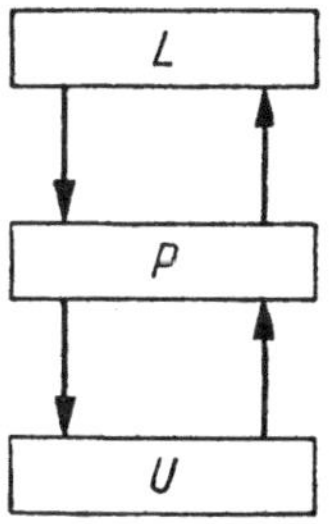

2.)

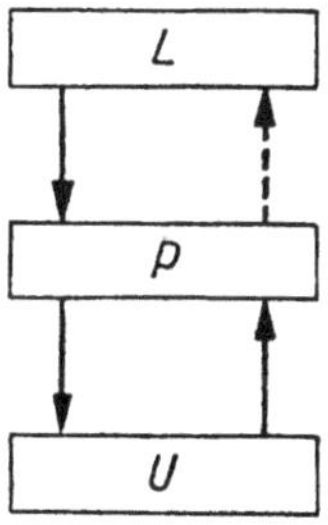

Unter 1.) gibt die Leitung Befehle an die Partei, und diese setzt sich vermöge dieser Befehle mit der Umwelt (U) auseinander. Die Ergebnisse der Auseinandersetzung von P mit U werden an L gemeldet und modifizieren das Verhalten von L. In Zeichnung 2.) liegen die Dinge anders. Hier teilt P an L lediglich das mit, was sich bei der Auseinandersetzung von P mit U ereignet hat, ohne daß die Resultate dieser Auseinandersetzung analysiert und verarbeitet werden. Nun kann man die Thesen von Paloczi-Horvath auf einen kurzen kybernetischen Nenner bringen. Während unter 1.) eine „echte" Demokratie vorliegt, ist 2.) die angebliche Pseudodemokratie des Sozialismus.

Um zu beweisen, daß im System der Sowjets Rückkopplung, d. h. Regelung, auch im Prinzip nie existiere, sondern daß es sich hier eindeutig um ein Steuerungssystem handele, führt Paloczi-Horvath an[43], daß bereits Lenin die absolute Diktatur eingeführt habe, daß es sich also bei den Abweichungen von den Prinzipien Lenins, die man Stalin zur Last legen muß, gar nicht um eine Abweichung handelte, sondern nur um die konsequente Durchführung eines von Lenin schon gesetzten Prinzips. Nirgends wird deutlicher, daß das Buch sich auf Zitate stützt, die aus dem Zusammenhang gerissen sind, daß es sich grober Analogien schuldig macht, die an die Stelle von Beweisen gesetzt werden, usw. Wo ist z. B. der Beweis, daß die Oktoberrevolution eine blutige Revolution war? Das Gegenteil ist der Fall. Selbst an solchen zentralen Punkten des Kampfes wie beim Sturm auf das Winterpalais gab es nur verschwindend geringe Menschenverluste, die in keinem Verhältnis zum russischen Riesenreich mit seinem ungeheuren Machtapparat standen. Paloczi-Horvath hat sich auch nicht die Mühe gemacht, die Protokolle der Konferenzen in den Jahren 1919–1922, vor allem die Komintern-Kongreßprotokolle, zu studieren. Hier hätte er sehen können, daß keinesfalls ein Diktator einer verängstigten Masse von Delegierten gegenüberstand. Im Gegenteil! Die Diskussion wurde mit äußerster Schärfe geführt, und hier war keine Spur von Personenkult zu sehen. Unser Marxismuswiderleger schreibt: „Wenn wir den leninistischen Partei-Staats-Apparat als Machtmaschine ansehen, so lag seine größte Schwäche darin, daß in ihn nicht Bestandteile zur Eigenregulierung und Eigenkorrektur eingebaut waren. Der Apparat konnte die ins Auge gefaßten Aufgaben nicht wirksam ausführen, weil er beauftragt war, die reale Situation oder unerwartete Änderungen in der realen Situation unbeachtet zu lassen."[44] Der demokratische Zentralismus als Funktionsprinzip des Staates ist aber doch gerade dadurch ausgezeichnet, daß er nicht ein reines Steuersystem, sondern ein Regelsystem ist. Es ergießt sich nicht nur ein Strom von Befehlen von oben nach unten (Steuersystem), sondern auf jeder Ebene dieser Systemhierarchie findet Regelung statt, d. h., die Erfolge oder Mißerfolge der Handlungen wirken als Rückkopplungsmoment auf die Entscheidungen und künftigen Handlungen zurück.

Dem Informationsstrom von oben nach unten entspricht ein Informationsstrom von unten nach oben. Wenn dieses System, das Paloczi-Horvath zeichnet, d. h. das rein diktatorische Steuerprinzip, das herrschende wäre, und wenn es so völlig versagt hätte, wie dies der ungarische Emigrant haben möchte, dann wären die tatsächlichen großen Erfolge der Sowjetunion unerklärlich. Die Masseninitiative auf allen Gebieten des Staates und der Wirtschaft ist angewandtes Regelprinzip. Dieses Prinzip ist im Sowjetstaat derartig fest verankert, daß selbst in der Ära des Personenkults im großen und ganzen eine erfolgreiche Linie verfolgt werden konnte. Zu den Resultaten der Arbeit des diktatorischen Steuerregimes, zu dem Paloczi-Horvath den Sowjetstaat degradieren möchte, sagt er: „Einmal war die Machtmaschine befehligt und geleitet vom Diktator selbst und seiner Umgebung, die eine gänzlich unwirkliche Haltung gegenüber der Wirklichkeit der Technologie und zu jeder Form von Fachwissen einnahmen. Und zum anderen verlangte der Diktator, daß seine Maschine nach grob simplifizierten oder falschen Gleichungen zu arbeiten hätte."[45] An dieser Behauptung ist nicht weniger denn alles falsch. Wenn wir von der Ära der Automatisierung der Kybernetik absehen, die in der Sowjetunion glänzende Erfolge gefeiert hat, und die Zeit *vor* dieser technischen Revolution betrachten, so müssen wir feststellen, daß selbst dann die Behauptungen unseres Verfassers gänzlich aus der Luft gegriffen sind. Wären die sowjetische Wissenschaft und Technologie und das Fachwissen wirklich so mangelhaft gewesen, so könnte man sich die Erfolge der Sowjetunion über das hochgerüstete faschistische Deutschland nicht erklären. Man könnte sich auch – um noch weiter zurückzugehen – nicht das rapide Tempo erklären, in dem sich ein rückständiges Bauernland in einen modernen Industriestaat verwandelt hat. Dies war ohne eine Riesenfülle von Arbeitsenthusiasmus gar nicht möglich. Enthusiasmus kann man aber nicht befehlen! Es ist nahezu selbstverständlich, daß bei der, geschichtlich gesehen, riesenhaften Umwandlung, die sich in der Sowjetunion vollzogen hat, Irrtümer im einzelnen begangen wurden. Ebenso selbstverständlich ist es, daß die Prinzipien der sozialistischen Demokratie nicht von Anfang an und auf jeder Ebene durchgesetzt werden konnten. Wir denken hier etwa an das durchschnittliche sowjetische Dorf des Jahres 1928, das vielfach noch unter Kulakenherrschaft stand. Unterschiedslose Gewährung demokratischer Rechte an alle Schichten der Bauern hätte hier die Auslieferung des Dorfes an die Kulaken bedeutet. Ähnlich verhielten sich die Dinge mit der Kleinbourgeoisie. Das Verhalten dieser Schichten zum Sowjetstaat und zur Arbeiterklasse wurde in der Periode der „Neuen ökonomischen Politik" deutlich.

Die Vorwürfe von Paloczi-Horvath sind also ahistorisch und unwissenschaftlich. Ihnen liegt nicht eine Analyse der Dinge zugrunde, sondern das In-den-Vordergrund-Schieben von Einzelheiten, die Betonung von spektakulären Oberflächenerscheinungen.

Es ist richtig, daß die Ära des Personenkults die Entwicklung mancher Wissenschaften, besonders auch der Kybernetik, gehemmt hat. Paloczi-Horvath schreibt dazu: „Dogmatische Parteifunktionäre und sogar nicht allzu dogmatische Theoretiker des Marxismus-Leninismus taten indessen, was sie konnten, um volle Rehabilitierung der Kybernetik zu verhindern... sie kämpften verzweifelt gegen die Popularisierung und Verallgemeinerung solcher kybernetischer Grundprinzipien, wie ... der Rückmeldung ... der Hin- und Rückinformation und der Eigenkontrolle durch die Resultate der eingeleiteten Aktionen ..."[46] Diese Behauptungen sind natürlich völlig unsinnig. Wir haben an anderer Stelle nachgewiesen, daß das Prinzip der Rückkopplung ein Spezialfall des philosophischen Prinzips der Wechselwirkung ist, das seit Anbeginn zu den Grundsätzen des dialektischen Materialismus gehört hat.[47] Dem, was Paloczi-Horvath „Eigenkontrolle" nennt, entspricht in Wirklichkeit die philosophische Kategorie der Praxis. Ohne das Prinzip der Rückkopplung ist ein anderer Grundsatz des dialektischen Materialismus nicht allseitig verständlich, nämlich das Prinzip des dialektischen Widerspruchs. Wir hatten in unserem Buch „Kybernetik in philosophischer Sicht" nachgewiesen, daß nahezu sämtliche Kategorien der Kybernetik einzelwissenschaftliche Spezialisierungen allgemeiner Prinzipien des dialektischen Materialismus sind. Davon weiß unser Verfasser offensichtlich nichts. Es zeigt sich, daß dem von der westlichen Ideologie künstlich hochgespielten Buch von Paloczi-Horvath weder umfassende Grundlagenstudien zur Kybernetik noch solche zur Philosophie vorangegangen sind. Der Verfasser hat sich, soweit er auf Literatur eingegangen ist, nur diejenige ausgewählt, die in dieser oder jener Hinsicht mit seinen Auffassungen übereinstimmt.

Angesichts dieser Situation bleibt uns nur die Aufgabe, an den Stellen dieses Buches, an denen die Kybernetik tatsächlich eine Rolle spielt (wo also das Wort „Kybernetik" nicht nur Bestandteil einer unverbindlichen Redeweise ist), zu zeigen, wie es um die „Wissenschaftlichkeit" dieses erbärmlichen Machwerkes bestellt ist. Der Verfasser ist auf dem Gebiet, das er immer wieder heranzieht, dem der Kybernetik und Informationstheorie, keineswegs mit Kenntnissen gesegnet. Das betrifft aber auch nahezu alles, was er über die Sowjetunion und die mit ihr befreundeten sozialistischen Staaten zu sagen hat. Wenn man näher zusieht, zeigt es sich, daß überall die Beweise fehlen und der Verfasser sich den größten Teil seiner Darlegungen aus den Fingern gesogen hat. Die Alternative: entweder nehmen die sozialistischen Staaten die Kybernetik mit all ihren Konsequenzen an, dann müssen sie den Marxismus aufgeben, oder sie halten am Marxismus fest, dann können sie nur Bruchstücke der Kybernetik verwenden, soweit dies für die Entwicklung der modernen Industrie unerläßlich ist, ist völlig falsch und künstlich konstruiert. Es handelt sich hier nicht um eine Alternative, sondern um zwei Bereiche, die in positiver Rückkopplung zueinander stehen. Erst die Philosophie des Marxismus vermag die Kybernetik voll zur Geltung zu bringen, und die Kybernetik ist eine Bestätigung des Marxismus-Leninismus und auch eine praktische Hilfe bei der Weiterentwicklung der marxistischen Philosophie.

Ein beliebter Trick des Verfassers ist der demagogische Umgang mit gesellschaftswissenschaftlichen Ausdrücken. So schreibt er etwa: „Sowjetische Publizisten sprechen von einer ‚Revolution der Wissenschaft‘ anstatt von der ‚Zweiten industriellen Revolution‘. Für den sowjetischen Gebrauch ist ihr Terminus der präzisere. Es ist in der Tat eine Revolution der Wissenschaft gegen die Ideologie, der wissenschaftlichen Haltung gegen die Haltung der kommunistischen Agitatoren.“[48] Es hat seinen guten Grund, wenn die sowjetischen Autoren nicht von einer zweiten industriellen Revolution sprechen. Den Begriff der industriellen Revolution hat Karl Marx im „Kapital“ präzise definiert. Zu einer industriellen Revolution gehört zwar eine Revolution auf dem Gebiet der Technik und der Technologie, aber in erster Linie eine Revolution im Bereich der Produktionsverhältnisse! Das ist der Grund, weshalb die heutigen Marxisten nicht den Ausdruck „Zweite industrielle Revolution“ gebrauchen. Diese Revolution hat nämlich keinen Wandel im Bereich der Produktionsverhältnisse gebracht. Die Ausbeutungsverhältnisse sind die gleichen geblieben, gewandelt hat sich nur ihre Form. Natürlich ist diese *technische Revolution* (das ist der gesellschaftswissenschaftlich korrekte Ausdruck!) von einer Revolution der Wissenschaft begleitet. Es gehört zum Wesen dieser Umwälzung, daß die Wissenschaft selbst zu einer unmittelbaren Produktivkraft wird. Von einer Revolution der Wissenschaft gegen die Ideologie kann aber gar keine Rede sein. Der Verfasser weiß natürlich nicht, daß jede Aussage, jede Theorie usw. drei Aspekte hat, den syntaktischen, den semantischen und den pragmatischen. Der pragmatische Aspekt einer jeden Wissenschaft ist aber primär ideologisch! Wir sind auf diese Verhältnisse in unserem Buch „Die Macht des Wortes" im einzelnen eingegangen. Der Verfasser redet stets und ständig von der Kybernetik. Er hätte nun wissen müssen, daß die Kybernetik als Wissenschaft des Handelns, der systematischen Veränderung der Umwelt den scheinbaren Gegensatz zwischen Wissenschaft und Ideologie ein weiteres Mal zum Verschwinden bringt. Gesellschaftliche kybernetische Systeme werden im Hinblick auf Ziele gesellschaftlicher Art optimiert. Diese Ziele sind ihrem Wesen nach aber Ideologie, genauso, wie die Effektoren und Rezeptoren kybernetischer Regelkreise sehr wesentlich mit Ideologie verbunden sind. Effektoren gesellschaftlicher Systeme sind z. B. die werktätigen Massen, die unter einer entsprechenden Leitung die Umwelt (die Regelstrecke!) ändern. Sie tun dies aber nicht als bewußtseinsfreie Roboter, sondern als Menschen, die bestimmte gesellschaftliche Interessen, z. B. Klasseninteressen, vertreten. Ebendeshalb kann die Kybernetik also gar kein Mittel dazu sein, die Ideologie auszuschalten.

Seinen großen Trumpf spielt Paloczi-Horvath bei der Analyse der Bedeutung der Rückmeldung (der Rückkopplung) in kybernetischen gesellschaftlichen Systemen aus. Wie einfach wird doch das seit Jahrtausenden diskutierte Problem der Demokratie unter kybernetischen Aspekten! Unser Autor exemplifiziert seinen genialen Einfall anhand der sowjetischen Gesellschaft. Er schreibt: „Die Sowjetfunktionäre waren jahrzehntelang durch die Tatsache gelähmt gewesen, daß die oberste Führung ihre Informationen über die Realitäten einer gegebenen Situation nicht zur Kenntnis nahm. Wenn eine Entscheidung des Kremls zu ihnen hinuntergesandt wurde, so konnten sie nicht zurückberichten, daß es keineswegs ratsam und/oder sogar unmöglich sei, diese Entscheidung auch in der Praxis zu verwirklichen. Jetzt waren alle diese Funktionäre äußerst erfreut über das wachsende Ansehen einer Wissenschaft, der zufolge man sich beim ‚Regieren' durch konstante

Rückinformation über die Wirkung der eigenen Aktion leiten lassen muß."[49]

Die Maxime des Produzenten der DDR, die selbstverständlich auch in der Sowjetgesellschaft gilt, „Plane mit, arbeite mit, regiere mit" wird von unserem Marxismuswiderleger mit einer Handbewegung vom Tisch gefegt. Daß Millionen von Werktätigen nach dieser Devise handeln, beweisen die praktischen Erfolge. Es bedürfte nicht erst des Regelkreises der Kybernetik, um diesen Effekt herbeizuführen. Dieses Prinzip ist selbstverständlich ein Teilaspekt des Prinzips des demokratischen Zentralismus. Wir stellen am Rande wieder fest, das Paloczi-Horvath wirklich nicht mehr als die allerelementarsten Grundtatsachen der Kybernetik begriffen hat. Er wüßte sonst, daß zwar die Rückmeldung für kybernetische Systeme unerläßlich ist, um sich mit der Umwelt auseinandersetzen zu können, er wüßte aber auch, daß der elementare Fall des einfachen Regelkreises für die praktische Anwendung der Kybernetik in der Gesellschaft nicht genügt. Die gesellschaftlichen kybernetischen Systeme sind meist in komplizierter Weise miteinander verschachtelt. Die Organisation der Rückmeldung (Rückkopplung) ist ein äußerst schwieriges Problem, es ist zumal dann schwierig, wenn diese Rückmeldung optimal sein soll. Ferner unterliegt die Rückmeldung dem sogenannten Effekt der Informationseinengung, dessen philosophische und gesellschaftliche Seite wir an anderer Stelle ausführlich beschrieben haben.[50] Davon weiß Paloczi-Horvath offensichtlich nichts. Es ist also nicht so, wie er gegen besseres Wissen oder in völliger Unwissenheit behauptet, daß demokratischer Zentralismus und kybernetische Systeme mit Rückmeldung zwei einander ausschließende Alternativen sind, sondern es ist umgekehrt so, daß der demokratische Zentralismus nur funktioniert, wenn er auf der Basis einer optimalen Rückkopplung errichtet wird. Eine solche Rückkopplung ist nur im Sozialismus möglich, weil sie im Kapitalismus durch die Existenz des Konkurrenzkampfes aus naheliegenden Gründen wesentlich eingeengt ist.

Gestützt auf seine primitiven Kenntnisse der Elementargründe der Kybernetik macht sich der Verfasser sogar anheischig, Urteile über die Rolle der Automatisierung in der Regierung und der Produktion zu fällen. Er schreibt: „Die Automatisierung der Kontrolle in Regierung und Produktion verlangte selbstverständlich eine durchgängige Überprüfung der allgemeinen Funktionen von Regierung und Management. Die ‚Modernisten' ... fuhren fort, die Bedeutung der Information in beiden Richtungen zu unterstreichen, die ‚ein dynamisches Gleichgewicht zwischen dem leitenden Zentrum ... und demjenigen herstellt, das geleitet wird'."[51] Kybernetik und Automatisierung können Regierung und Produktion im Grundlegenden nicht ändern. Das Wesen der Regierung ist bedingt durch den Klassencharakter des Staates, dessen Regierung wir betrachten. Die Kybernetik kann die Regierung wirksamer machen, sie kann ein wertvolles Instrument der Kontrolle und Leitung sein. Es ist deshalb kein Zufall, daß in den sozialistischen Staaten und Verwaltungen die systematische Anwendung der elektronischen Datenverarbeitung, die ja ein Teilaspekt der Kybernetik ist, immer mehr an Boden gewinnt. Das betrifft auch die Produktion. Das gesellschaftliche Wesen der Produktion wird durch die modernen Hilfsmittel nicht geändert. Eine sozialistische Produktion bleibt bei ihrem Einsatz eine sozialistische, eine kapitalistische Produktion bleibt eine kapitalistische. Programmgesteuerte Werkzeugmaschinen, Prozeßrechner, Verflechtungsbilanzen usw. ändern die Produktion in einer Weise, daß wir von der technischen Revolution sprechen können. Wir haben aber schon darauf hingewiesen, daß die technische Revolution keine industrielle Revolution, keine gesellschaftliche Revolution ist, da sie an der Klassensituation eines kapitalistischen Staates, an den Eigentumsverhältnissen nichts ändert.

Der Begriff des dynamischen Gleichgewichts, den Paloczi-Horvath hier einführt, ist nun an dieser Stelle völlig fehl am Platze. Wie soll das Gleichgewicht eines Informationsstromes und seiner Rückmeldung aussehen, wie ist es zu definieren? Bei einem Gleichgewicht müssen gleichartige Größen quantitativ gleich sein. Wann sind aber zwei Informationsmengen gleich? Die rein syntaktische Betrachtung nützt hier gar nichts. Was wäre damit gewonnen, wenn man feststellen würde, in beiden Richtungen fließen Informationsströme, die die gleiche Anzahl von Bits umfassen? Man kann hier aber auch nicht von der syntaktischen zu der semantischen Ebene aufsteigen. Das würde verlangen, daß Informationen und Gegeninformationen die gleiche Bedeutung besitzen, und zwar auch ihrem Gewicht nach! Der Begriff der Bedeutungsmenge, der hier eingeführt werden müßte, bleibt offensichtlich vorläufig das geistige Eigentum von Paloczi-Horvath. Man könnte allenfalls von einem dynamischen Informationsgleichgewicht sprechen, wenn die Informationen, die in beiden Richtungen fließen, die gleiche Wirkung ausüben. Tut man das, so kommt aber offensichtlich wieder Unsinn heraus. Die beiden Informationsströme haben ganz andere Funktionen. Die Wirkung des Informationsstroms vom Zentrum nach unten besteht in der Herbeiführung einer bestimmten Verhaltensweise, z. B. des produzierenden Kollektivs, das durch dieses Leitungszentrum geleitet wird. Die Wirkung der Gegeninformation hat eine ganz andere Funktion. Sie soll dem Leitungszentrum Bericht geben über den Zustand der „Regelstrecke" und ihr das Material für die Ausarbeitung einer neuen, verbesserten Strategie liefern. Aber selbst wenn es irgendein hypothetisches Maß gäbe, mit dem wir Informationen und Gegeninformationen messen könnten, um so den Begriff des dynamischen Gleichgewichts von Informationsströmen überhaupt nur definieren zu können, wäre der von Paloczi-Horvath eingeführte Begriff falsch und unzweckmäßig. Bestünde nämlich ein Gleichgewicht, so würde das System auf der Stelle treten. Eine *Entwicklung* des Systems kann nur stattfinden, wenn ein solches Gleichgewicht eben nicht besteht. Die Differenz zwischen dem tatsächlichen Zustand des Systems und dem Gleichgewicht des Systems wirkt als eine der Komponenten der Fortenwicklung des Systems.

Man ist versucht, sich zu fragen, wie ein solches Werk zu jenem gesellschaftlichen Rang kommt, den es in der bürgerlichen Ideologie einnimmt. Aber im Grunde genommen ist die Sache einfach: Die Ursachen liegen nicht in einer neuartigen-tiefschürfenden kybernetischen Analyse des Systems des Kapitalismus und des Sozialismus, sondern in der Anhäufung gehässiger antisowjetischer und antisozialistischer Ausfälle.

Unter der Kapitelüberschrift „Der Motor der sowjetischen Reformation" führt Paloczi-Horvath den Begriff der „Diktatur der Wirklichkeit" ein. Er meint damit, daß man nicht von einer vorgefaßten Meinung ausgehen dürfe, von Dogmen etc., sondern vom Studium der Wirklichkeit, und daß die Einwirkung auf die Wirklichkeit so, wie wir uns dies wünschen, durch entsprechende Rückmeldung bestätigt werden muß. Auf dieser

Grundlage konstruiert er wieder eine unsinnige Alternative: Die Wissenschaftler unterliegen dieser Diktatur der Wirklichkeit, die Parteifunktionäre dagegen gehen von vorgefaßten Meinungen und Dogmen aus. Wer die Geschichte des Marxismus einigermaßen kennt, weiß, daß schon in den Geburtsstunden dieser neuen revolutionären Lehre diese „Diktatur der Wirklichkeit" bei der Konstituierung der Theorie Pate gestanden hat. Wir denken an die historische Formulierung aus der Einleitung zur Kritik der Hegelschen Rechtsphilosophie („Auch die Theorie wird zur materiellen Gewalt, wenn sie die Massen ergreift!").[52] Oder an die Feuerbach-Thesen („Die Philosophen haben die Welt nur verschieden *interpretiert*, es kömmt drauf an, sie zu *verändern*.")[53] usw. In seinem Frühwerk über die „Volksfreunde" geht Lenin auf den Versuch Hegels ein, die ganze Geschichte in ein Schema zu pressen, in das Schema von These, Antithese und Synthese.[54] Er stellt dem die Methode des historischen Materialismus gegenüber und betont nachdrücklich, daß jede wissenschaftliche Analyse der Gesellschaft vom Studium der objektiven Realität ausgehen muß und daß jede Theorie sich an dieser objektiven Realität zu beweisen hat. Es ist völlig unverständlich, was die Kybernetik daran geändert haben soll. Gewiß, der historische Materialismus enthält den Begriff der Rückkopplung nicht explizit. Es ist aber ganz offensichtlich, daß hier einer der Fälle vorliegt, in denen die Kybernetik einen schon existierenden Begriff des dialektischen und historischen Materialismus mit ihren Ausdrucksmitteln formuliert. Paloczi-Horvath aber schreibt: „Da in einer verhältnismäßig entideologisierten Atmosphäre eine Zusammenarbeit stattfindet, können sich die ‚Industriekommunisten' dem Einfluß fachmännischer und wissenschaftlicher Haltung nicht entziehen. Das geistige Klima der sowjetischen Version der Kybernetik hat ihr Denken bereits infiziert."[55] Historisch richtiger wäre es zu sagen, daß der dialektische und historische Materialismus mit seinem Kategoriengefüge das Denken der Kommunisten „infiziert". Die Alternative Parteifunktionäre oder technische Intelligenz beruht also wieder entweder auf einem Trick oder auf mangelnder Information.

Da der Verfasser immer wieder die Alternative Marxismus oder Kybernetik zur Debatte stellt, muß er natürlich irgendwie erklären, wo der Hochstand auf dem Gebiet der Kybernetik, den wir heute in der Sowjetunion zu verzeichnen haben, herkommt. Er stellt dies so dar, als habe die Sowjetunion in aller Eile eine Wende vollzogen und die Funktionäre der KPdSU hätten vom Studium des Marxismus-Leninismus auf das Studium der Kybernetik umgeschaltet. So schreibt er etwa: „Ende 1962 verlangte der ‚Kommunist‘ die Errichtung einer zentralen Akademie für die Ausbildung von Industriemanagern ... Obwohl man dem ‚Kommunist‘ darin zustimmen kann, daß die Sowjetunion von der Arbeit von ‚Ingenieur-Organisatoren des amerikanischen Typs‘ und von ‚besonders ausgebildeten Experten des Managements‘ profitieren würde, bleibt die Tatsache bestehen, daß auch die hervorragendsten Experten des Managements Durcheinander und Verschwendung nicht vermeiden können, solange Theorie und Praxis des Planens nicht von Grund auf geändert werden.“[56] Ja, da muß man eben sagen – wieder einmal sagen –, hier fehlen die Kenntnisse und das Wissen um die historischen Tatsachen. Tatsache ist, daß etwa die Methode der Verflechtungsbilanzen, die heute bei der Anwendung der Kybernetik auf die Volkswirtschaft eine so wesentliche Rolle spielt, schon in der Frühzeit der Sowjetrepublik in der UdSSR ausgebildet und entwickelt wurde. Der Verfasser tut außerdem so, als seien die modernen Methoden der Kybernetik und der Informationstheorie von den leitenden staatlichen Wirtschaftsgremien in den westlichen Ländern widerspruchslos hingenommen und als Instrumente der Vervollkommnung der Arbeit eingesetzt worden. Vorbehalte, die es in der Sowjetunion am Anfang dieser neuen Entwicklung zweifellos gab, finden sich in gehäufter Fülle auch in den entwickelten kapitalistischen Ländern.

Da Paloczi-Horvath immer wieder Alternativen (und zwar falsche) aufstellt, sei es uns gestattet, auch einmal eine solche Alternative zu formulieren. Kybernetik kann selbstverständlich in kapitalistischen Ländern angewandt werden, und sie wird ausgiebig angewandt. Die Kybernetik lehrt uns aber, daß eine Optimierung kybernetischer Systeme nur dann ihre volle Effektivität gewinnt, wenn sie relativ umfassend ist. Die Kybernetik kann auch im Sozialismus angewandt werden, und sie wird auch in steigendem Maße angewandt. Der Unterschied besteht darin, daß es hier keinen Konkurrenzkampf der einzelnen Firmen gibt, keine Blockierung von Informationsströmen zwischen den kybernetischen Teilsystemen des Gesamtsystems usw. Ein kybernetisches System im Kapitalismus kann immer nur Zielfunktionen zur Grundlage der Optimierung machen, die auf beschränkte, egoistische Ziele gerichtet sind (z. B. Maximalgewinn eines Konzerns). Im Sozialismus gibt es eine übergeordnete Zielfunktion, die beinhaltet, daß das System so optimiert werden soll, daß eine maximale Befriedigung der Bedürfnisse der Menschen erreicht wird. Soll eine solche Zielfunktion im Kapitalismus Grundlage der Optimierung sein, so müßte der Kapitalismus aufhören, Kapitalismus zu sein! Wir wollen nicht bestreiten, daß es wesentlich schwerer ist, die Zielfunktion des Sozialismus zu realisieren als die beschränkten, egoistischen Zielfunktionen der miteinander konkurrierenden Konzerne, Trusts etc. im Monopolkapitalismus. In einem kapitalistischen Betrieb – als kybernetisches System betrachtet – besteht die Optimierung darin, daß der Maximalprofit für die Leitung des Trusts, Konzerns usw. erzielt wird. Eine sozialistische Optimierung verlangt zwar auch ein optimales Betriebsergebnis mit entsprechendem Gewinn, es hat aber die Optimierung so zu vollziehen, daß Umweltschutz, soziale Belange und Bedürfnisse der Betriebangehörigen im Betrieb, Beziehungen zwischen diesem Betrieb und der übergeordneten Betriebsorganisation (z. B. einer VVB) und schließlich die Beziehungen zu *allen Teilsystemen* des sozialistischen Systems berücksichtigt werden. Es ist ganz klar, daß – wenn wir einmal hier diesen völlig unangebrachten Ausdruck gebrauchen dürfen – sozialistische „Manager" wesentlich größere Kenntnisse besitzen müssen als ihre „Kollegen" aus kapitalistischen Konzernen und Trusts. Es genügt nicht, wenn sie Fachleute auf einem bestimmten Gebiet des Managements sind, sie müssen neben den Leitungstätigkeiten ihres eigenen Industriebereichs Kenntnisse in der Gestaltung der Gesamtorganisation, der Produktion und schließlich der Struktur und Funktion des gesamten sozialistischen Systems besitzen, mit einem Wort, sie müssen zugleich Fachleute der marxistisch-leninistischen Gesellschaftswissenschaften sein. Das aber schließt die Existenz einer sozialistischen „technischen Elite" aus. Damit ist auch der Gedanke einer Konvergenz auf der Grundlage gewisser gleichartiger Züge der Automatisierung im

Sozialismus und Kommunismus und einer technischen Elite, die diese Automatisierung leitet, ins Reich der Utopie verwiesen.

Wir haben an anderer Stelle nachgewiesen, daß die im „Kapital" von Karl Marx dargelegten Beziehungen zwischen Hauptabteilung I und Hauptabteilung II der Produktion unter kybernetischen Gesichtspunkten betrachtet werden können.[57] Paloczi-Horvath meint aber: „Zu diesem Zeitpunkt begann die ‚kybernetische Haltung', widerspruchsvolle Ergebnisse im wirtschaftlichen Denken, in der Planung und in der Produktion hervorzubringen. Die Ergebnisse waren widerspruchsvoll, weil die verschiedenen elektronischen Maschinen, die der Lösung von Problemen dienten, vor verschiedene Typen von Fragen gestellt wurden. In den Regierungsstellen und Planungsbehörden, die direkt von der Partei und vom Staat kontrolliert werden, wurden Fragen gestellt, die noch am Dogma hafteten."[58] Dazu ist folgendes zu sagen: Die Wirtschaftsgeschichte des 19. Jahrhunderts und die der ersten Hälfte des 20. Jahrhunderts ist eine eindrucksvolle Bestätigung der ökonomischen Lehren von Marx und Lenin. Die Kritiker des Marxismus, denen sich Paloczi-Horvath anschließt, möchten die Sache immer so hinstellen, als seien die ökonomischen Lehren von Marx eine Beschreibung der kapitalistischen Produktionsweise in England um die Mitte des vorigen Jahrhunderts, und als hätten sie heute keine Bedeutung mehr. Natürlich mußte mancher Lehrsatz geändert, historisiert werden, ein Vorgang, der nicht auf eine besondere Schwäche des Marxismus hinweist, sondern der für alle Wissenschaften typisch und normal ist. Im ganzen gesehen jedoch haben sich die ökonomischen Lehren des Marxismus-Leninismus als richtig erwiesen, die Voraussagen, die auf dieser Basis gemacht wurden, fanden ihre Bestätigung in der Praxis. Natürlich sind bei der Anwendung der modernen Rechenautomaten Fehler, Irrtümer, falsche Prognosen usw. zutage getreten. Das hat nichts mit den Grundsätzen des Marxismus-Leninismus zu tun. Kein einziger dieser Grundsätze wurde bis jetzt, wie Paloczi-Horvath behauptet, durch Anwendung elektronischer Rechenmaschinen widerlegt. Es handelt sich vielmehr um die sehr großen Anfangsschwierigkeiten bei der Einführung der neuen Technik. Es gab zunächst keinen eingeübten Stab von Programmierern und Prognostikern. Die peripheren Hilfsgeräte der Rechenmaschinen waren unzulänglich entwickelt usw. Die Dreistigkeit des Verfassers besteht darin, so zu tun, als handele es sich hier um eine spezielle Schwäche des Sozialismus. Die Fehler, Irrtümer, Fehlprognosen usw., die beim Einsatz der modernen Rechentechnik in den höchstentwickelten kapitalistischen Ländern zutage getreten sind, füllen ganze Bände. Es gibt eine umfangreiche Literatur in diesen Ländern, die der Analyse der auftretenden Fehler und Irrtümer gewidmet ist. Die elektronischen Rechenautomaten können die Grundwidersprüche des Kapitalismus nicht beseitigen. Hier trägt die elektronische Rechentechnik tatsächlich dazu bei, diese Widersprüche deutlicher werden zu lassen. Hier handelt es sich nicht um eine historische Durchgangsstufe, mit deren Überwindung man mit Hilfe dieser modernen kybernetischen Geräte die Widersprüche des Kapitalismus beseitigen könnte. Im Gegenteil. Die wissenschaftlich-technische Revolution wird diese Widersprüche noch vergrößern, z. B. durch die Erzeugung einer neuen industriellen Reservearmee, für die keine Chance mehr besteht, wieder in die Produktion einzutreten. So erleben wir es, daß ohne das Auftreten einer spezifischen ökonomischen Krise eine Armee von Arbeitslosen heranwächst, die vor allem in den letzten Jahren auch die technische Intelligenz erfaßt. Raketen- und Elektronikspezialisten müssen als Hilfsarbeiter und Handelsvertreter großer Firmen ihr Brot verdienen. In *der* Industrie, die gewissermaßen eine Schlüsselindustrie des modernen Fortschritts ist, der Raketentechnik und der Weltraumschiffahrt, wurden Tausende von Ingenieuren und promovierten Wissenschaftlern entlassen. Die kybernetische Haltung, von der Paloczi-Horvath spricht, erzeugte zeitlich bedingte, vorübergehende wissenschaftliche und produktionstechnische Schwierigkeiten im Lager des Sozialismus. Sie verschärfte aber – und das ist das Entscheidende, denn das ist nicht historisch vorübergehend, solange der Kapitalismus existiert – die Grundwidersprüche des Kapitalismus. Das, was also Paloczi-Horvath dem Sozialismus anlasten möchte, spricht gegen die Gesellschaftsklasse, die Paloczi-Horvath verteidigt.

Gestützt auf seine Elementarkenntnisse des kybernetischen Rückkopplungskreises müßte unser Marxismusvernichter eine Theorie der Beziehung zwischen Demokratie und ausgeübter Kontrolle vortragen. Sehen wir zu, was dabei herauskommt.

Zunächst ist freilich zu sagen, daß Paloczi-Horvath hier auf eine unmittelbare kybernetische Interpretation verzichtet, obwohl sie sich gerade in diesem Zusammenhang gewissermaßen von selbst angeboten hätte. Kontrolle ist stets der Vergleich zwischen einem erreichten Zustand und dem Zustand, der hätte erreicht werden sollen, mag es sich um einen „Festwert" oder um eine „Führungsgröße" handeln. Ein Beispiel: Die Führungsgröße kann eine durch einen Plan festgelegte Produktionskurve sein, d. h. der Verlauf einer Produktion, sagen wir in den Jahren 1971–75. Die Kontrolle stellt dann fest, ob in den jeweiligen Zeitpunkten der Wert, der der Führungskurve entspricht, vorliegt oder ein davon verschiedener Wert. Eine Abweichung wirkt als Rückkopplungseffekt. Nehmen wir etwa an, im Jahre 1971 liege die Wachstumskurve um 1% unter der vorgegebenen Wachstumskurve. Die Abweichung ist dann Ausgangspunkt für Maßnahmen, die zunächst mit der Ausarbeitung einer Strategie beginnen, deren Ziel es ist, die Differenz zu verkleinern bzw. zum Verschwinden zu bringen, und einer entsprechenden Einwirkung auf die Variablen, die für den betreffenden Prozeß charakteristisch sind. Unser Autor bemüht sich aber zunächst, seinen Standpunkt dem des Marxismus gegenüberzustellen, und schreibt: „Was, genau genommen, betrachten wir Demokraten als das wirkliche Wesen der Demokratie? Während ein großer Teil des Marxismus-Leninismus in der Theorie ein für allemal strikt definiert ist, ändert sich die Definition der Demokratie – und, wichtiger noch, ihre Form – von Zeitpunkt zu Zeitpunkt und von Ort zu Ort ... Eine Gesellschaft ist diesem Dogma zufolge um so demokratischer, je weniger Kontrollen sie ausübt und auf je weniger Gebieten sie plant. In letzter Konsequenz begünstigt dieses Dogma schwache Regierungen ohne eine präzise langfristige Politik – in einer Periode, in der die Existenz im Weltmaßstab genau vom Gegenteil abhängt."[59]

Bei diesen Betrachtungen über Demokratie wird zunächst die Hauptfrage außer acht gelassen: Demokratie für wen? Es ist zwar, wie Paloczi-Horvath betont, richtig, daß es eine lange Geschichte der Demokratie mit den verschiedenartigsten Formen derselben gegeben hat. Die athenische Sklavenhalterdemokratie ist etwas anderes als die Demokratie der großen mittelalterlichen Handelsstädte oder die Demokratie in den industriell fortgeschrittensten Staaten des 19. Jahrhunderts. Von allen diesen Demokratien unterscheidet sich grundsätzlich die sozialistische Demokratie. Sie ist nicht eine Demokratie für wenige, für eine bestimmte Klasse, sondern die Demokratie der überwältigenden Mehrzahl der Bevölkerung mit gleichzeitiger Diktatur gegenüber den Rechten der Ausbeuterklasse. Umgekehrt sind die vorsozialistischen Demokratien immer Demokratien von Minderheiten, die zugleich Diktaturen über und gegen die Mehrheit des Volkes sind. Es kommt also nicht darauf an, ob viel oder wenig Kontrolle. Betrachtet man einen demokratischen Staat als hierarchisch gegliedertes kybernetisches System, so läßt sich die Frage wie folgt formulieren: An welchen Stellen der Hierarchie sind Kontrollinstanzen eingebaut? Welchen Einfluß haben diese Kontrollinstanzen bzw. ihre Ergebnisse auf die Gesamtleitung des Systems? Einen demokratischen Staat ohne Kontrolle kann es nicht geben. Es fragt sich nur, was kontrolliert wird. Ist es eine Kontrolle von Personen oder von Sachen? Paloczi-Horvath, der den Sozialismus strikt ablehnt und sich angeblich zur Demokratie bekennt, möchte auf dem Umweg über seine Betrachtungen zur Struktur der Demokratie der „starken“ Regierung das Wort reden. Der Ruf nach dem starken Mann bzw. der starken Regierung kommt uns verdächtig bekannt vor. In den monopolkapitalistischen Staaten der Gegenwart wird dieser Ruf in dieser oder jener Weise praktisch überall zu hören sein. Setzt man Diktatur und Demokratie in Parallele zum kybernetischen Begriffspaar Steuerung und Regelung, dann ist die Frage der Kontrolle eine Frage der Delegation von Kontrollfunktionen des hierarchischen Gesamtsystems an die relativ selbständigen Teilregelsysteme. In einem multistabilen kybernetischen System sind nur die wichtigsten Kontrollfunktionen in der Spitze des Systems vereinigt. Hat die Spitze des Systems keine Kontrollfunktionen mehr, dann zerfällt das System. Wir haben ein „entartetes“ multistabiles System vor uns. Verbleiben den multistabilen Teilsystemen nur unwichtige Kontrollfunktionen und geht alles übrige an die zentrale Stelle, dann liegt eine Entartung des Systems nach der anderen Seite vor. Das System beginnt, seinen Charakter als multistabiles kybernetisches System einzubüßen, und nähert sich dem durchgängig gesteuerten System. Wir stellen fest: Paloczi-Horvath hat wieder den

Geist der Kybernetik zitiert, ohne den begrifflichen Zusammenhang zwischen Demokratie, Diktatur, kybernetischem System, multistabilem kybernetischem System usw. begriffen zu haben.

Ein Unterschied besteht zwischen der Wahl eines Individuums und der Wahl des Kandidaten einer politischen Partei. Unser Autor meint: „Das Individuum kann sich eine ziemliche Portion von Elastizität in seinem Denken leisten; es kann sich in jeder Auseinandersetzung aufgeschlossen zeigen und kann praktisch bei jeder Prüfung jede vernünftige Antwort akzeptieren. Bei einer politischen Partei oder ihren disziplingebundenen Mitgliedern ist das anders.“[60]

Im Rahmen einer kybernetischen Betrachtung ist der Unterschied zwischen beiden Fällen darin zu suchen, daß wir einmal das Verhalten eines *Elements* eines Systems, zum anderen das Verhalten eines von dessen *Teilsystemen* untersuchen müssen. Die These von Paloczi-Horvath ist wirklichkeitsfremd, ja in gewisser Weise unsinnig. Er postuliert genau das, was es in kybernetischen Systemen nicht geben kann, nämlich ein unabhängiges Individuum, das nicht organischer Bestandteil eines Systems von Elementen ist. Dieses Individuum gibt es nun nicht; es gibt es nicht in der Theorie, denn sonst würde das System aufhören, ein System zu sein, und es gibt es nicht in der Praxis, weil jedes Individuum im System der gesellschaftlichen Beziehungen verankert ist. Wenn gesagt wird: „Ein gewisses Maß von Strenge und Dogmatismus liegt schon in der Idee einer politischen Partei, weil sie eine Organisation ist, die um politische Macht kämpft“[61], so haben wir wieder den Fall einer sehr wohl überlegten allgemeinen Nivellierung der Idee und Absicht der politischen Parteien vor uns. Es macht natürlich einen Unterschied aus, ob eine politische Partei sich nur nach ihren subjektiven Wünschen und Absichten richtet, oder ob sie von einer wissenschaftlichen Theorie der Gesellschaft, die an der Wirklichkeit orientiert ist, geleitet wird. Eine solche Partei ist allerdings nur die marxistisch-leninistische Partei. Die Gründe, warum nur eine solche Partei ein Zusammenfallen von subjektiven Wünschen und Zielen und objektiver Gesetzmäßigkeit aufzuweisen hat, wurden oft genug erläutert. Auf der Ebene der Theorie handelt es sich um die dialektische Einheit von Objektivität und Parteilichkeit. Die Tatsache also, daß eine Organisation um politische

Macht kämpft, muß in keiner Weise mit einem bestimmten Maß von Strenge und Dogmatismus verbunden sein.

Eine Enzyklopädie des Antikommunismus muß heute selbstverständlich ein Kapitel über die Herrschaft der Intelligenz und der Manager enthalten: „Kein Individuum und kein Volk kann an politischen Entscheidungen teilnehmen, ohne sich auf eine überaus lange Kette von Experten zu verlassen. Diese Experten müssen mit Sicherheit jederzeit zur Verfügung stehen.“[62] Paloczi-Horvath zählt dann auf, was alles getan werden muß, um das Niveau der Bevölkerung so zu heben, daß sie in der Lage ist, an der Demokratie aktiv teilzunehmen. Es wird ferner eine Erhöhung des Niveaus von Presse, Radio und Fernsehen gefordert. Nur eine Kleinigkeit wird „übersehen“! Wer entscheidet über die Bildungsmöglichkeiten des wissenschaftlichen Nachwuchses? In wessen Besitz sind Presse, Rundfunk und Fernsehen, und wessen Interesse nehmen sie wahr? Denkt man diese Fragen zu Ende, zeigt sich sogleich, daß es sich hier um eine Utopie handelt. Nicht um eine Utopie, die aus gutgläubigen Herzen geboren wurde, sondern um eine, die von vornherein konstruiert ist, um den breiten Massen der Werktätigen Sand in die Augen zu streuen. Selbst die „Kommunistenfresser“ von Großformat in den monopolkapitalistischen Ländern können gelegentlich nicht umhin zuzugeben, daß das höchste Bildungsniveau in der Sowjetunion vorhanden ist. Es hat von Anfang an zu den Grundprinzipien der marxistisch-leninistischen Arbeiterbewegung gehört, ein sich ständig erhöhendes gesellschaftswissenschaftliches Bildungsniveau zu formieren. Das qualifiziert aber auch schon Mitglieder der entsprechenden Parteien bzw. – nach dem politischen Sieg – der ökonomischen und kulturellen Organisationen, an der Entscheidungsfindung teilzunehmen. Die öffentliche Meinung in einem sozialistischen Staat ist qualitativ von der öffentlichen Meinung in einem monopolkapitalistischen Staat verschieden. Die erstere beruht letztlich auf einem soliden gesellschaftswissenschaftlichen Niveau, das selbstverständlich in abgestuften Abstraktionshöhen angeboten wird. Die letztere ist ein Produkt der Massenpsychologie und der manipulierten Ansicht über die gesellschaftlichen Dinge. Solange die großen Monopole und Konzerne die Herrschaft über die öffentliche Meinung in den kapitalistischen Staaten ausüben, solange kann es dort keine wirkliche Demokratie geben, solange ist es auch unmöglich, ohne die von Paloczi-Horvath erwähnte „lange Kette von Experten", die die Masse der Werktätigen von der Gestaltung der Entscheidungen ausschließt, auszukommen.

Von besonderem Interesse ist im Hinblick auf unsere Absichten das Kapitel „Koexistenz oder Konvergenz" aus „Rebellion der Tatsachen" von Paloczi-Horvath.[63]

Wer soll wohin konvergieren? Da Paloczi-Horvath selbstverständlich von einer angeblichen Überlegenheit der kapitalistischen Länder ausgeht, soll es also die Welt des Sozialismus sein, die zu dieser kapitalistischen Welt hin konvergiert. Er schreibt: „Der materielle und geistige Wohlstand einer besseren neuen Welt, nach dem wir alle streben, verwirklichte sich im Westen in einem genügenden Umfang, um der übrigen Welt viele seiner positiven und negativen Ergebnisse zu zeigen."[64]

Das Bild, das unser Kommunismuswiderleger von den Ländern des Hochkapitalismus zeichnet, ist sehr schmeichelhaft. Von Dauerarbeitslosigkeit – erzeugt durch die Automatisierung –, von moralischem Niedergang, ständigem Steigen der Kriminalität, fortschreitendem Verlust der an sich sehr bescheidenen demokratischen Freiheiten, von der Manipulation der öffentlichen Meinung durch das monopolkapitalistische Eigentum an den Kommunikationsmitteln usw. wird hier nichts gesagt. Die Welt des Sozialismus lehnt die Einladung zu einer Konvergenz in Richtung auf dieses „Ideal" sehr nachdrücklich ab. Wenn Paloczi-Horvath also schreibt: „Damit soll nicht geleugnet werden, daß das sowjetische Laboratorium ebenfalls manche Heilmittel hervorbringen kann, hauptsächlich wegen der Ähnlichkeit der Probleme, denen Rußland und Amerika gegenüberstehen. In der Tat gibt es viele Beobachter, die eine graduell konvergente Annäherung der politischen und sozialen Systeme des Westens und der Sowjetunion voraussehen"[65], so muß gesagt werden, daß sich diese Ähnlichkeit der Probleme höchstens auf gewisse technische Spezialprobleme, aber nicht auf gesellschaftliche Probleme, um die es hier vor allem geht, bezieht.

Um seine Ansichten glaubhafter zu machen, bedient sich der Verfasser sozusagen der „Blockschaltmethode" der Kybernetik: „Tausende von Details der augenblicklichen internationalen Situation gewähren weniger Hilfe bei der Beurteilung langfristiger Aussichten als die Erkenntnis der breiten allgemeinen Entwicklungstendenzen innerhalb der Staaten, der Blöcke und der Welt im ganzen."[66] Wenn der Verfasser – was eigentlich durchaus lobenswert ist – mit dieser Tendenz an die Untersuchung der jetzigen Entwicklungsrichtungen herangeht, so müßte er eigentlich ein anderes Bild erhalten. Wie haben sich denn die „Blöcke" seit 1945 entwickelt? Die riesigen Kolonialsysteme der hochkapitalistischen Länder sind zusammengebrochen, der Konkurrenzkampf zwischen den führenden kapitalistischen Ländern (USA, Japan, Frankreich) hat globale Dimensionen angenommen. Die Versuche, mit militärischen Mitteln die Ergebnisse der Entwicklung der „dritten Welt" rückgängig zu machen, sind alle unter schweren materiellen und Prestigeverlusten für die Imperialisten gescheitert. Die Kybernetik hat an dieser Entwicklung nichts geändert. Sie ist nicht etwas, was der Imperialismus dem Sozialismus voraus hat, sie ist vielmehr eine Erscheinung, deren technische Anwendungen die Widersprüche des Imperialismus wesentlich verstärken werden. Den Beginn dieser Entwicklung kann man bereits jetzt erkennen. Paloczi-Horvath meint allerdings: „Die amerikanische Verfassung verrät bedeutende kybernetische Einsichten ihrer Schöpfer mit ihrer Gewaltenteilung, mit ihrer dauernden Auseinandersetzung zwischen der vergangenheitsorientierten Mehrheit und der zukunftsorientierten Minderheit, zu welcher – wenn das System gesund ist – der oberste Führer gehören muß. Der Präsident muß zukunftsorientiert sein als der oberste Steuermann, da es seine Aufgabe ist, ein bewegliches System durch Vorwegnahme zukünftiger Positionen und Triebkräfte zu führen."[67] Da wäre zunächst zu sagen, daß die amerikanische Verfassung zu einer Zeit entstand, als in den fortgeschrittensten Ländern der Welt der Geist der Aufklärung und der Französischen Revolution von 1789 vorherrschend war. Die bürgerliche Demokratie dieser Zeit hatte als Klasseninhalt die Freisetzung der bürgerlichen Produktionsweise mit allem, was dazu gehört. Diese bürgerlich-demokratische Verfassung ist längst von innen her ausgehöhlt. Wir kennen Ereignisse, die so aussehen: Eine Versammlung der demokratischen und Linkskräfte wird aufgelöst, und zwar von der Polizei aufgelöst, weil der Referent eine „aufrührerische Rede" hält. Er kann dann nachweisen, daß er in Wirklichkeit eine lange Passage aus der amerikanischen Verfassung vorgelesen hat! Dies ist keine Geschichte aus einem Witzblatt, sondern hat sich mehrfach ereignet. Vom tatsächlichen Inhalt der amerikanischen Verfassung von 1787 ist nicht mehr viel übriggeblieben, und das, was übriggeblieben ist, wird nicht von den herrschenden Klassen der USA gegen irgendwelche Feinde verteidigt, sondern die Verteidigung dieser Verfassungsreste ist heute Sache der Linkskräfte in den USA. Bürgerliche Demokratien sind kybernetische Systeme mit Folgeregelung. Es ist eine kybernetische Plattheit festzustellen, daß der Regler eines Folgeregelsystems zukunftsorientiert sein muß. Dazu bedarf es keines kybernetischen Hokuspokus, den uns Paloczi-Horvath hier vorführen möchte. Ein wirklich wissenschaftliches Folgeregelungssystem kann nur der Sozialismus bringen. Er vereinigt alle Teilsysteme der Ökonomie, der Kultur, der Bildung, des Staates zu einem multistabilen Gesamtsystem. Im Kapitalismus gibt es bei aller kybernetischen Planung im einzelnen, im Betriebs- und Konzernmaßstab ein anarchisches Gegeneinander der kybernetischen Teilsysteme. Auch aus diesem Grunde ist eine Konvergenz zwischen Kapitalismus und Sozialismus unmöglich. Die multistabilen Teilsysteme des Kapitalismus gehorchen ihrer Folgeregelung ohne Rücksicht auf die übrigen Teilsysteme. Das führt zu Krisen und Widersprüchen, die im Rahmen des Kapitalismus nicht beseitigt werden können. Die Optimierung der Teilsysteme mit dem Ziel der Erhöhung der Effektivität und damit des Maximalprofits gehen stets auf Kosten anderer Bereiche des kapitalistischen Gesamtsystems. Im Sozialismus erkennen wir eine Optimierung nur an, wenn sie dem Wohl des Gesamtsystems dient und – unter dem Gesichtspunkt der Effektivität betrachtet – zu einer höheren Effektivität des Gesamtsystems führt. Der Sozialismus hat keinen „obersten Steuermann", er ist ein hierarchisches, multistabiles System, das sich nach den Prinzipien des demokratischen Zentralismus entwickelt. Die besonderen Vollmachten des Präsidenten der Vereinigten Staaten machen keine Stärke der bürgerlichen Demokratie, sondern eine Schwäche aus. Sie geben den monopolkapitalistischen Verbänden die Möglichkeit, mit Hilfe eines Präsidenten, der ihren spezifischen Interessen entspricht, das Gesamtsystem zugunsten ihres privaten Profitstrebens zu orientieren.

Paloczi-Horvath ist ungeachtet aller gegenteiligen Symptome der Auffassung, daß die USA die Führungsrolle in der künftigen Welt haben werden. Er zählt eine Reihe von Momenten auf, die ihm dieses Ziel zu gewährleisten scheinen. Unter diesen Momenten darf die Kybernetik nicht fehlen. Er meint: „Eine andere Garantie ist die schnelle Ausbreitung der kybernetischen Haltung in allen amerikanischen Bereichen, die wirklich Bedeutung haben ... Und wenn die konventionelle Auffassung und der Kongreß die Regierung mit politischen Manövern daran hinderten, die neuen intellektuellen Werkzeuge und Methoden auf alle Verwaltungs- und Regierungsprobleme anzuwenden, so bedeutet dies nur eine zeitweilige Verzögerung. Der jetzige Widerstand gegen die ideologiefreien Erkenntnisse der Computer ist groß."[68]

Was soll in einem solchen Zusammenhang ein Begriff wie der der „kybernetischen Haltung"? Genauso könnte man von einer „mathematischen Haltung" sprechen. Die kybernetische Haltung ist eine wissenschaftliche Denkweise, hier geht es aber um Politik, um die Struktur eines politischen Systems, wie es die USA ist. Die Computer haben keine „ideologiefreien Erkenntnisse". Entweder rechnen sie abstrakte kybernetische Systeme durch, dann hat dies nichts mit Politik zu tun, oder in die Voraussetzung der Rechnung gehen politische Momente ein (bzw. ökonomische), dann bleiben auch die Resultate politisch, ideologisch relevant. Der Computer kann weder Ideologie schaffen noch abschaffen. Es kann dies genausowenig, wie irgendeine mathematische Theorie es kann. Wir betonen – um nicht mißverstanden zu werden – an dieser Stelle wiederum nachdrücklich, daß diese Feststellungen nichts, aber auch gar nichts gegen die Kybernetik sagen. Sie sagen nur etwas über das, was die Kybernetik kann, und über das, was sie nicht kann und nicht soll. Aber natürlich wäre es eine interessante Frage, warum denn gewisse Widerstände gegen die Erkenntnisse der Computer vorhanden sind. In der kybernetischen Literatur, die sich mit praktischen Anwendungen in der Volkswirtschaft der USA und dgl. beschäftigt, haben wir des öfteren gelesen, daß die Voraussetzungen, mit denen in die Rechnung eingegangen wird, Voraussetzungen, die der objektiven Realität entnommen sind, durch den Computer als widerspruchsvoll erkannt werden. Es hat sich beispielsweise herausgestellt, daß es kein stabiles ökonomisches System des Monopolkapitalismus gibt.[69] Ein anderes Moment ist in der Tatsache zu sehen, unter spieltheoretischen Aspekten militärische Situationen durchzurechnen, wobei sich zeigt, daß derjenige, der sich in seinen Entscheidungen völlig den Computern ausliefert, von der Selbstvernichtung bedroht ist. Der Widerstand, der gegen diese Seite der Anwendung der Kybernetik auftritt, braucht nicht unbedingt etwas mit Friedensliebe und Humanität zu tun haben. Auch die amerikanischen Monopolkapitalisten möchten zusammen mit ihrem System überleben. Sie haben kein Interesse daran, unter der Fahne der „ideologiefreien Erkenntnisse" in einen von den Computern gesteuerten, atomaren Vernichtungskrieg einzutreten.

Wir können zusammenfassen: Das in der westlichen Welt hochgerühmte Buch von Paloczi-Horvath „Rebellion der Tatsachen" ist im eigentlichen Sinn des Wortes kein Werk über „Gesellschaftskybernetik". Es ist ein Sammelsurium höchst gehässiger und verleumderischer Angriffe gegen die Welt des Sozialismus, das eine Reihe von Wörtern (wir sagen absichtlich nicht „Begriffen"!) aus dem Bereich der Wissenschaft der Kybernetik benutzt, um dem ganzen Unternehmen einen Mantel der Objektivität und der Wissenschaftlichkeit umzuhängen. Die Fülle des Unsinns auf wissenschaftlichem Gebiet in diesem Buch ist nur mit der Intensität und Verlogenheit der antikommunistischen Haltung des Verfassers vergleichbar.

3. Kybernetik contra dialektischen Materialismus?

Etwas weniger plump als der von Paloczi-Horvath gewählte Weg des Nachweises unauflöslicher Widersprüche zwischen dem gesellschaftlichen System des Marxismus und der Struktur des kybernetischen Regelkreises ist der Angriff, den Dietmar Kaletta gegen die Thesen des Marxismus zur philosophischen Grundlegung der Naturwissenschaft richtet. Es wird unterstellt, daß das marxistische System unter einer unheilbaren Zwiespältigkeit leidet. Einerseits ist die Kybernetik mit dem dialektischen Materialismus unverträglich, andererseits aber kann man sie, die die theoretische Grundlage der Automatisierung ist, nicht entbehren. Der Verfasser schreibt dazu: „Im übrigen gilt nach wie vor das 1963 von *Ulbricht* verkündete Axiom der unbedingten Funktionstüchtigkeit des Systems. Es bleibt daher ein allgemein politisches – nicht nur wissenschaftspolitisches – Problem der DDR, wie der tendenziell systemindifferente technische Fortschritt mit dem ihn kennzeichnenden und sich durch ihn vergrößernden Sachwissen so in die gesellschaftspolitischen und Produktionsprozesse umgesetzt werden kann, daß eine fortgesetzte Anhebung des Lebensstandards als dem letztlich entscheidenden Beleg für die Funktionsfähigkeit möglich wird.“[70] Die Broschüre bemüht sich, auf den verschiedenen Ebenen der Naturwissenschaft nachzuweisen, daß die Ergebnisse der betreffenden Disziplinen den Grundsätzen des dialektischen Materialismus widersprechen. Diese Darstellung strotzt von willkürlichen Behauptungen, Unterstellungen, Fälschungen usw. Wir werden das nicht im einzelnen untersuchen, da unser Thema ideologische Fragen der Kybernetik behandelt. Wir werden uns also darauf beschränken, uns mit den Argumenten des Verfassers zu beschäftigen, die direkt oder indirekt etwas mit der Kybernetik zu tun haben.

Der Verfasser spricht von einem „systemindifferenten“ technischen Fortschritt. Stellt man das kapitalistische dem sozialistischen System gegenüber bzw. stellt man Teilsysteme (Länder, Staaten) dieses Systems entsprechenden Teilsystemen des Sozialismus gegenüber, so würde nach dieser These der technische Fortschritt den gleichen Weg nehmen, da er ja systemindifferent ist. Wir haben aber im Anschluß an die Kritik verschiedener Behauptungen Paloczi-Horvaths gezeigt, daß der technische Fortschritt gar nicht systemindifferent ist! Wir wollen das nur an einem einzigen, aber wesentlichen Moment darlegen. Zum technischen Fortschritt gehört u. a. die Optimierung umfassender technischer Systeme (VVB, Konzern, Trust). Der technische Fortschritt wäre systemindifferent, wenn auch diese Optimierung, die also jeweils Ganzheiten betrifft (nicht einzelne Maschinen oder Maschinenaggregate), in der gleichen Weise vor sich ginge. Das alles ist gerade nicht der Fall. Es ist ein Unterschied, ob ein Gesamtsystem im Hinblick auf die maximale Befriedigung der Bedürfnisse der Menschen oder auf die Realisierung des Maximalprofits optimiert wird. Es ist dabei keinesfalls so, als wären die technischen Systeme identisch und man müßte nur jeweils den Programmpunkt „Optimierung“ auswechseln, um von einem System zum anderen zu gelangen. Die Optimierung betrifft die Ganzheit, d. h. die Systeme in all ihren Teilsystemen, Verflechtungen usw. Es macht z. B. einen wesentlichen Unterschied aus, ob die Art und Weise der Durchführung der Optimierung unter der tätigen schöpferischen Mithilfe der Werktätigen erfolgt oder ob die Werktätigen im Prozeß dieser Optimierung nur als menschliche Bestandteile der Maschinensysteme betrachtet werden. Wenn der Verfasser also von einem Axiom der unbedingten Funktionstüchtigkeit des Systems spricht, so ist das eine unvollständige Redeweise, da es doch wesentlich darauf ankommt, in welcher Hinsicht und zu welchem Zweck diese Funktionstüchtigkeit entstehen soll bzw. entstanden ist.

Funktionstüchtigkeit enthält zwei Momente

a) Das System muß, um funktionstüchtig zu sein, stabil sein. Im gesellschaftlichen Bereich würde es sich im allgemeinen um Multistabilität handeln.

b) Das System muß, um funktionstüchtig zu sein, die Funktion, die es ausübt, optimal ausüben.

Bei den Klassikern des Marxismus ist an vielen Stellen nachzulesen, daß sie ein sozialistisches System stets unter diesen beiden Gesichtspunkten betrachtet und daß sie andererseits stets gezeigt haben, daß die kapitalistischen Systeme diesen Forderungen nur zeitweilig und nur teilweise genügen. Es handelt sich hier um nichts anderes als um eine Präzisierung, und zwar eine systemtheoretische Präzisierung von Thesen des Marxismus-Leninismus. Der Widerspruch, den der Verfasser glaubt sehen zu können, existiert nur in seiner Phantasie. Wenn er darauf besteht, daß ein solcher Widerspruch existiert, so müßte er ihn wenigstens an einem wesentlichen systemtheoretischen Problem von der Art, wie wir es eben behandelt haben, einerseits und einer fundamentalen These des Marxismus-Leninismus andererseits darlegen. Vor solche Aufgaben gestellt, weicht der Verfasser stets in die Agitation aus!

Besonders hat es dem Verfasser die Anwendung der kybernetischen Systemtheorie auf das System des Sozialismus angetan: „Zur Organisation des sozialistischen Gesellschaftssystems gehört notwendig die relative Selbstregelung und Selbstorganisation von Teilsystemen. Selbstorganisation im gesellschaftlichen Bereich heißt schließlich und endlich Selbstentscheidung."[71] Das hier Gesagte läßt sich wie folgt in einem Schema festhalten:

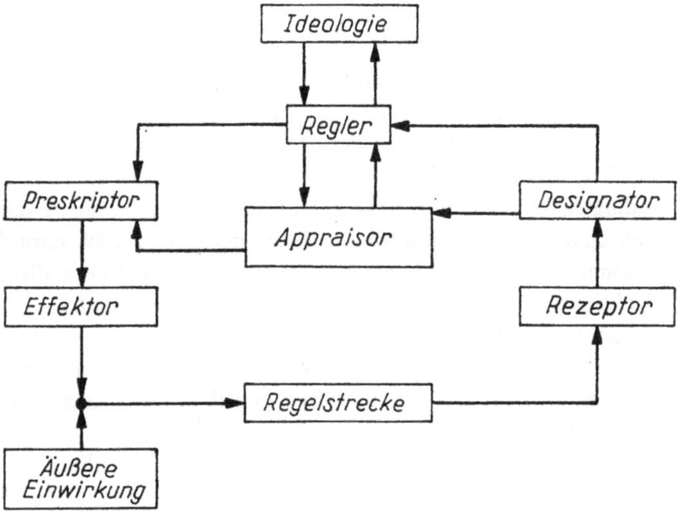

Unser Schema ist das Schema eines Teilsystems. Das Gesamtsystem, das sich aus solchen Teilsystemen zusammensetzt, hat den Charakter eines ultra- bzw. multistabilen Systems. Wir haben bereits nachgewiesen, daß die relative Selbständigkeit und Entscheidungsfreiheit von Teilsystemen in keiner Weise eine Aufgabe von Prinzipien des dialektischen Materialismus mit sich bringt, sondern im Gegenteil diese Prinzipien näher präzisiert und vertieft. Es ist nicht recht verständlich, warum unser Verfasser diese Literatur nicht zum Ausgangspunkt seiner Kritik gemacht hat.[72]

In vergangenen Zeiten waren Pläne, die sich auf den Zusammenhang zwischen den ganzen und den Teilsystemen bezogen, oft undialektisch, mechanisch-materialistisch, vom Laplaceschen Dämon beherrscht. In einem solchen System tendiert eine an einer Stelle entstandene partielle Störung stets danach, sich über das ganze System auszubreiten. In einem multistabilen System hingegen werden partielle Störungen von einem der Teilsysteme aufgefangen, ohne daß der Komplex der übrigen Teilsysteme auch nur berührt wird. Dies aber entspricht, auf die Systemtheorie übertragen, der Dialektik von Ganzem und Teil, von Notwendigkeit und Zufall. Wenn also etwas vom Marxismus-Leninismus „preisgegeben" wurde, so waren es verschiedene Schwächen in der Planung, die im Anfangsstadium der Gründung sozialistischer Staaten auftraten. Ideologisch gesehen handelt es sich hier um nichts anderes als um Ausmerzung von Resten des mechanischen Materialismus zugunsten einer durchgängigen materialistischen Dialektik. Das, was sich Kaletta erhofft, spricht er als These bzw. Vermutung aus, nämlich die Durchsetzung der Kybernetik würde zur Folge haben, daß sich „Lockerungen" im sozialistischen Gesellschaftssystem ergeben. Er übersieht nur eines: Diese sogenannten „Lockerungen" sind gerade eines der Momente, die den Unterschied zwischen demokratischem Zentralismus und einem autoritär gesteuerten System ausmachen. Kaletta meint aber: „Nicht nur Deutungs-, sondern auch Manipulierungsmöglichkeiten der DDR-Gesellschaft mit Hilfe von Kategorien der kybernetischen Systemtheorie sind nicht zu übersehen. Interpretationen mit Hilfe der Kategorien der Systemtheorie implizieren darüber hinaus eine Offenheit-Lernfähigkeit des Systems, die wesentlich durch Rückkopplungsvorgänge oder

Regelprozesse zwischen dem zentralen Regler und der Regelstrecke, als dem oder den Subsystemen, zum Ausdruck gebracht wird... Auf die DDR angewandt, wäre etwa das Politbüro, das Sekretariat, der Staatsrat oder der Ministerrat nicht mehr ein Festwertregler, sondern ein Folgeregler; d. h. die Führungsgröße muß – soll das System funktionieren – stets Rückinformationen, die von den Subsystemen ausgehen, berücksichtigen und verarbeiten."[73] Was hat eigentlich nun unser Marxismustöter gesagt, was den Marxismus-Leninismus so richtig ins Herz trifft? Er hat mit dem Pathos der Belehrung Dinge von sich gegeben, die für die marxistisch-leninistische Analyse der wissenschaftlich-technischen Revolution schon längst eine Selbstverständlichkeit geworden sind. Die Feststellung, daß das sozialistische System ein lernendes System sein soll, hätte der Verfasser schon in den Schriften Lenins seit 1918 finden können. Für den demokratischen Zentralismus ist es geradezu ein Lebensprinzip, daß die dort vorhandenen Rückkopplungsprozesse „permanent" sind.

Ebenso selbstverständlich ist, daß die Führungsinstanzen des sozialistischen Staates nicht Festwert-, sondern Folgeregler sind. Die Entwicklung der sozialistischen Staaten ging nicht so vor sich, daß ein für allemal feststehende Größen der Produktion, der Struktur des Staates usw. verfolgt wurden, sondern entsprechend dem jeweils erreichten Entwicklungsniveau und entsprechend den Anforderungen der weiteren Entwicklung wurden diese Größen gesetzmäßig verändert.

Kaletta unterstellt der Führung des sozialistischen Staates, daß sie in raffinierter Weise die Kategorien der Kybernetik zur Stützung ihres Herrschaftssystems benutzt. Davon haben wir uns im Vorangegangenen durch eine Reihe relevanter Beispiele überzeugt. Ganz im Widerspruch dazu stellt er aber zum Schluß des entsprechenden Abschnitts fest: „Die reaktionären Parteikybernetiker treten für eine Verfestigung der bereits bestehenden Strukturen und für eine Verstärkung des ökonomisch-gesellschaftlichen Kontrollsystems ein, also für ein gesteuertes System, während progressive Gesellschaftswissenschaftler auf die selbstorganisatorischen Demokratisierungsfaktoren setzen."[74]

Es genügt zur Widerlegung dieses Unsinns, darauf hinzuweisen, daß die Losung „Arbeite mit, plane mit, regiere mit", deren Realisierung durch die Parteiführung unentwegt angestrebt wird, doch wohl das Gegenteil eines „dogmatisch verfestigten“, gesteuerten Systems (zum Unterschied von einem Regelsystem) ist. Die praktischen Ergebnisse nämlich, z. B. des sozialistischen Wettbewerbs und der Neuererbewegung, sind Beweise dafür, daß es sich hier nicht bloß um eine agitatorische Losung handelt, der keine gesellschaftliche Wirksamkeit entspricht. Wenn Kaletta sagt: „Die oberste Parteiführung sträubt sich dabei heute noch gegen die Erkenntnis, daß offene, leistungsorientierte, in Wettbewerb stehende Teilsysteme, ... als integrale und für das System fruchtbare, ... für die Lebensfähigkeit eines Systems wirkende Kräfte betrachtet werden müssen“[75], so ist wohl gerade das Gegenteil von dem der Fall, was Kaletta behauptet.

Unter der Fülle der angeblichen Thesen, die Kaletta dem Marxismus-Leninismus zuschreibt und die von ihm so präpariert werden, daß sie sich für eine Widerlegung eignen, darf natürlich die Problematik der Zweckmäßigkeit nicht fehlen. In unserem Buch „Kybernetik in philosophischer Sicht“ sind wir auf dieses Problem ausführlich eingegangen.[76] Wesentlich ist dabei, daß die Zwecke und Ziele den kybernetischen Systemen nicht von außen gesetzt werden, sondern daß sie sich im Prozeß der Entwicklung dieser Systeme als besondere Form der Anpassung an die Umwelt selbst herausbilden. Ausgenommen sind natürlich technische Systeme, die von einem Konstrukteur so eingerichtet werden, daß sie eine vom Menschen gewünschte oder beabsichtigte Zweckmäßigkeit enthalten. Ein Thermostat beispielsweise verhält sich insofern zweckmäßig, als er ungeachtet aller äußerlichen Temperatureinflüsse immer wieder zu seinem „Ziel“ zurückkehrt. Mit Hilfe der linearen Kausalität ist ein solches Verhalten nicht zu erklären. In diesem besonderen Fall kann natürlich nicht davon gesprochen werden, daß das Ziel (Sollwert) sich selbst im Laufe der Entwicklung dieses Systems herausgebildet hat. Das System ist vielmehr so konstruiert, daß es eben immer wieder diesem Ziel zustrebt, z. B. einer Temperatur von 25 Grad Celsius. Hegel hat erkannt, daß die Zweckmäßigkeiten in den Dingen selbst liegen und nicht von außen gesetzt werden. Der mechanische Materialismus war damit und mit dem, was Hegel in diesem Zusammenhang sagt, widerlegt. Aber auch die idealistische Variante der Zweckmäßigkeit, die die Zwecke zwar unter gewissen Umständen in die Dinge verlegt, aber ihnen übernatürliche Herkunft zuschreibt, ist mit dem hegelschen Begriff der Zweckmäßigkeit nicht vereinbar. Der historische Materialismus verneint nicht die Existenz von Zweckmäßigkeiten, ist aber der Auffassung – und beweist dies durch eine Analyse des menschlichen Geschichtsprozesses –, daß Zwecke und Ziele im Laufe der Entwicklung letztlich aus den materiellen Gegebenheiten der Produktion hervorwachsen. Sind sie einmal da, dann hat es allerdings den Anschein, als stünden sie außerhalb des Kausalgesetzes. Das betrifft auch die Zweckmäßigkeiten in der organischen Natur. Woher kommt die zweckmäßige Reaktion der meisten Organismen? Die kybernetische Entwicklungstheorie antwortet: Zweckmäßigkeiten haben sich im Prozeß der Auslese herausgebildet. Zweckmäßigkeiten in der organischen Welt erzeugen eine Verhaltensweise, die in optimaler Art die Überlebenschancen der Organismen erhöht und sie für den Kampf mit einer feindlichen Umwelt ausrüstet. Für den dialektischen Materialismus war aus philosophischen Gründen von Anfang an klar, daß es zwar Zweckmäßigkeiten gibt, daß sie aber nicht übernatürlicher Art sind. Die Kybernetik ist in der Lage, die allgemeine philosophische Argumentation durch konkrete einzelwissenschaftliche Theorien zu untermauern. Wir können deshalb ohne weiteres feststellen: Der kybernetische Zweckmäßigkeitsbegriff ist eine Konkretisierung des Zweckmäßigkeitsbegriffes des dialektischen und historischen Materialismus. Er ist eine der einzelwissenschaftlichen Bestätigungen des dialektischen und historischen Materialismus, und er widerlegt ebenso eindeutig die Zweckmäßigkeitsbegriffe der konkurrierenden bürgerlichen Philosophiesysteme. Kaletta glaubt nun besonders scharfsinnig zu argumentieren, wenn er darauf hinweist, daß die Zweckmäßigkeit zwar mit Rückkopplung verknüpft ist, daß aber nicht einzusehen ist, warum sie sich auf negative Rückkopplung beschränken soll.[77] Die Tatsache der positiven Rückkopplung hält er für eine Widerlegung des marxistischen Zweckmäßigkeitsbegriffs durch die Kybernetik. Er schreibt: „Versucht man dieses Problem zu umgehen, indem man eine dem Gesamtprozeß überlagerte negative Rückkopplung annimmt, die als universelles Stabilisierungsprinzip zu interpretieren wäre, so wäre auch damit das Problem des dialektischen Sprungs formal eingeordnet. Es bliebe jedoch die Frage, warum gerade diese universelle Rückkopplung eine negative und nicht eine positive ist."[78] Wären optimale kybernetische Strukturen nur an die negative Rückkopplung gebunden, so gäbe es keinen Fortschritt. Zweckmäßigkeit und Zielstrebigkeit sind also immer historisch bedingt, beziehen sich immer auf bestimmte Aspekte, und es ist sinnlos, etwa von einer Zweckmäßigkeit oder Zielstrebigkeit des Weltalls insgesamt zu reden. Was in einer bestimmten Entwicklungsphase zweckmäßig ist und zur Stabilisierung eines kybernetischen Systems beiträgt, kann unter anderen Umweltbedingungen und zu einer anderen Zeit unzweckmäßig werden. Positive Rückkopplungen haben deshalb im Prinzip zwei verschiedene Tendenzen: Es können systemzerstörende Wirkungen sein, die die bisher stabile Zweckmäßigkeit vernichten, und es können die Geburtshelfer neuer, höherer kybernetischer Systemstrukturen sein. Dieses nicht sehen zu wollen, bedeutet nichts anderes, als dem dialektischen und historischen Materialismus in böswilliger Absicht Ansichten zu unterschieben, die er nicht vertritt, und die man dann leicht „widerlegen" kann!

Nach diesen Vorbereitungen macht sich Kaletta nun mutig an die Aufgabe, einen grundsätzlichen Zwiespalt zwischen der Kausalitätsauffassung des dialektischen Materialismus und der der Kybernetik aufzudecken und damit die Kybernetik in einem entscheidenden Punkt dem dialektischen Materialismus entgegenzusetzen. Im „Philosophischen Wörterbuch" wird die Kausalität als ein Spezialfall der Wechselwirkung anhand eines einfachen mathematischen Modells dargestellt[79]:

$$E_1 = E_1(x)$$
$$E_2 = E_2(y)$$

Es möge außerdem x' der auf x folgende und y' der auf y folgende Zustand von x bzw. y sein. Wechselwirkung zwischen E_1 und E_2 liegt dann vor, wenn beispielsweise (im einfachsten Fall) eine Transformation der folgenden Art gilt:

$$x' = ax + by$$
$$y' = cx + dy$$

Dabei sind a, b, c, d irgendwelche Konstanten. Kausalität und Wechselwirkung lassen sich nun modellmäßig darstellen dadurch, daß im Falle der Wechselwirkung diese 4 Konstanten völlig verschieden sind, während im Fall der Kausalität z. B. $b = 0$ ist. Das ergibt dann folgende Transformation:

$$x' = ax$$
$$y' = cx + dy$$

Dies bedeutet, daß x' nur von dem vorhergehenden x abhängig ist, während y' sowohl von x als auch von y abhängig ist. Mit anderen Worten: Das System E_1 wirkt auf das System E_2 ein, aber das System E_2 wirkt nicht auf das System E_1 ein! Kaletta möchte nun aus der Tatsache, daß die Ursache-Wirkung-Relation asymmetrisch ist, schließen, daß sie nicht ein Spezialfall der Wechselwirkungsrelation sein kann.[80] Diese These ist unhaltbar. Die Ursache-Wirkung-Relation ist ein Spezialfall der Wechselwirkungsrelation, denn die Wechselwirkungsrelation enthält symmetrische und asymmetrische Beziehungen. Die Klasse der Wechselwirkungsrelationen ist also umfassender als die Klasse der Ursache-Wirkung-Relationen. Wo die Denkschwierigkeit sein soll, die Kaletta glaubt feststellen zu können, ist sein Geheimnis. Ebenso enthält die Klasse der Wechselwirkungsrelationen Teilklassen, bei denen die Einwirkung von E_1 auf E_2 notwendig, die von E_2 auf E_1 zufällig ist, und sie enthält Teilklassen, bei denen die Wirkung in beiden Richtungen zufällig bzw. in beiden Richtungen notwendig ist. Wenn einige marxistische Autoren behaupten[81], daß das Auftreten von Zufällen als eine Erscheinungsform der Notwendigkeit gesetzmäßig und daher voraussagbar sei, so können wir uns dieser Auffassung nicht anschließen und betrachten sie auch keinesfalls als *die* Auffassung des dialektischen Materialismus. Der Zufall ist eben nicht voraussagbar, sonst wäre er kein Zufall. Voraussagbarer sind allerdings Wahrscheinlichkeiten (für das Eintreten zufälliger Ereignisse).

Der Verfasser hält es für notwendig, noch eine generelle Einschätzung des „Philosophischen Wörterbuchs" zu geben: „Insbesondere sind auf dem Gebiet der Kybernetik eine Reihe von Stichworten wie Kybernetik, Rückkopplung, Information, System etc. aufgenommen worden, die auch im Vergleich in westdeutschen philosophischen Wörterbüchern fehlen oder dort nicht immer diese ausführliche Darstellung erfahren. Der Grund dafür ist evident; G. Klaus als Herausgeber ist selbst in dieser Wissenschaft federführend."[82] So schmeichelhaft sich dies auch anhören mag – wir möchten den Grund woanders sehen. Der dialektische und historische Materialismus hat seit seiner Entstehung immer wieder die neuesten Ergebnisse der Einzelwissenschaften auf einen philosophischen Begriff gebracht. Das ist ein Wesenszug der marxistischen Philosophie und hängt nicht mit der Wirksamkeit irgendwelcher Einzelpersonen zusammen.

Wir stellen insgesamt fest: Der Versuch Dietmar Kalettas, Kybernetik und Informationstheorie der marxistischen Philosophie entgegenzusetzen, ist gescheitert. Dieser Versuch ist nicht objektiv wissenschaftlich, sondern er ist ein Stück Ideologie, und zwar monopolkapitalistischer Ideologie.

4. Überschreitung der Grenzen kybernetischer Analyse

Wir haben bereits mehrfach auf die Gefahren hingewiesen, die methodologisch und ideologisch mit einer unmodifizierten Übertragung kybernetischer Begriffe und Relationen auf die Gesellschaft verbunden sind. Natürlich strebt jede gesellschaftliche Organisation bestimmte Ziele an, wobei dieser Annäherungsprozeß Rückkopplungscharakter hat, d. h., wobei die Mittel und Methoden zur Erreichung des Zieles immer wieder mit dem noch vorhandenen Abstand vom Ziel konfrontiert werden. Aus der Differenz zwischen dem schon Erreichten und dem zu Erreichenden ergeben sich Hinweise über die Gestalt und die Intensität der Effektoren. Die Vorgänge in den „Regelstrecken" werden dem Regierungssystem durch einen Nachrichtenstrom vermittelt. Die Gesamtheit der Geräte, Institutionen usw., die diesen Nachrichtenstrom aufnimmt, kann man als Rezeptor bezeichnen. Er kann in unbearbeiteter Form vom Regler bzw. von der steuernden Stelle nicht verwendet, d. h. nicht zur Grundlage der Betätigung der Effektoren gemacht werden. Dazu bedarf es der sogenannten Informationseinengung, die als Form der Abstraktion betrachtet werden muß. Erst auf der Grundlage der so gefilterten Informationen kann der Regler bzw. kann die steuernde Stelle die Handlungen bzw. Wirkungen der Effektoren festlegen. So weit, so gut. Das hier kurz skizzierte Schema gilt in gewisser Weise für alle gesellschaftlichen Organisationen. Bleibt man bei diesem Schema stehen und verzichtet auf ein tieferes Eindringen in den Komplex der gesellschaftlichen Prozesse, so ist man wieder einmal bei der Konvergenztheorie angelangt. Karl W. Deutsch geht genauso vor, wenn er schreibt:

„Regierungen oder politische Organisationen streben nicht nur nach Zielen, sie versuchen auch häufig, einen allgemeinen Zustand zu bewahren, der ihnen wünschenswert erscheint, also zum Beispiel eine Hochkonjuktur im Wirtschaftsleben oder eine ungestörte Ruhelage in der Politik. Sie müssen, um dies erfolgreich tun zu können, ständig Informationen über das Ausmaß und den zeitlichen Ablauf aller Störungen empfangen und die Größenordnung und Schnelligkeit ihrer Gegenmaßnahmen entsprechend abstimmen.“[83]

Hier zeigen sich sogleich die grundsätzlichen Schwächen einer ausschließlich an der Kybernetik orientierten Analyse des gesellschaftlichen Geschehens. Welche Zustände sind welchen Regierungen bzw. politischen Organisationen wünschenswert? Kann die „ungestörte Ruhelage in der Politik“ einfach durch bestimmte Maßnahmen, durch eine bestimmte Betätigung der Effektoren dieses Regelsystems aufrechterhalten werden? Die gesellschaftliche Praxis und die marxistisch-leninistische Gesellschaftstheorie führen solche Auffassungen ad absurdum. Bei einer solchen Betrachtungsweise wird gerade von den entscheidenden Problemen abstrahiert, vom Stand der Produktivkräfte, von der Art der Produktionsverhältnisse, von der Klassensituation, von der Art und Weise, wie sich die einzelnen Klassen ihrer Rolle im Produktionsprozeß bewußt werden, d. h. also, von der Ideologie. In dem vorstehend skizzierten Rückkopplungsschema spielt die Ideologie bei der Verarbeitung des Nachrichtenstromes aus der Regelstrecke eine entscheidende Rolle. Neben den allgemeinen Informationsfilter tritt das ideologische Filter. Eine Ausbeuterklasse ist nicht in der Lage, Abstraktionsprozesse durchzuführen, die ihr ein klares Bild von den Vorgängen in der Regelstrecke vermitteln. Sie ist also sehr häufig auch nicht in der Lage, eine adäquate Strategie für ihre Effektoren auszuarbeiten. Deutsch tut so, als käme es nur darauf an, entsprechende Gegenmaßnahmen gegen Störungen auszudenken und diese in die Tat umzusetzen, um ein gewünschtes Ziel zu erreichen bzw. ein erreichtes Ziel festzuhalten. Dies ist eine völlig subjektive Geschichtsbetrachtung, denn die Tatsache, daß es sich hier um objektive Vorgänge handelt, die nicht allein von den mehr oder weniger künstlichen strategischen Varianten des „Reglers“ bzw. Steuermechanismus abhängen, fällt hier völlig unter den Tisch. Zweifellos ist beispielsweise eine proletarische Revolution eine empfindliche Störung in der kapitalistischen „Regelstrecke“. Sie ist so empfindlich, daß sie das System an den

Rand des Stabilitätsbereiches bringt bzw. zu seinem Zusammenbruch führt. Eine Revolution ist ein objektiver gesellschaftlicher Vorgang, für dessen Eintreten objektive Gründe unerläßliche Voraussetzung sind. Sind alle Bedingungen für die Durchführung einer Revolution bzw. für ihren Eintritt gegeben, so kann kein noch so geschickter kapitalistischer „Steuermann" sie aufhalten. Deutsch meint: „Der Staatsmann, der ein schwieriges Programm zum Erfolg führen will, muß deshalb eine Kunst beherrschen, die der Kunstfertigkeit des Autofahrers auf vereister Straße gleicht, der jede Schleuderbewegung so zeitig voraussieht, daß er sie noch mit kleinen Korrekturbewegungen am Steuerrad unter Kontrolle halten kann..."[84] Die Weltgeschichte bietet keine Beispiele dafür, daß irgendein kluger, weitsichtiger Staatsmann unter Einsatz aller Techniken und Hilfsmittel, die der Staatsapparat des Unterdrückerstaates gewährt, eine Revolution aufgehalten bzw. zunichte gemacht hätte, für die alle Bedingungen gegeben waren.

Zu den Ausführungen von Karl Deutsch ist also zu sagen, daß sie das Wesentliche im Regel- und Steuersystem der Gesellschaft nicht erfassen. Übrig bliebe nur die Feststellung, daß für beliebige Staaten und gesellschaftliche Organisationen die gleichen kybernetischen Gesetze gelten, womit wir wieder bei der Konvergenztheorie angelangt wären. Der Unterschied gegenüber früheren Zeiten bestünde also darin, daß die Wissenschaft jetzt die kybernetischen Regelgesetze des gesellschaftlichen Geschehens erkannt hat, womit einer Angleichung der verschiedenen Gesellschaftssysteme aneinander nichts mehr im Wege stünde. Natürlich gibt es gleichartige Momente sowohl in kapitalistischen als in sozialistischen Staaten. Wie die marxistischen Klassiker bewiesen haben, ist beispielsweise jeder Staat ein Unterdrückungsinstrument. Kann auf der Basis einer solchen Einsicht eine Konvergenz von Kapitalismus und Sozialismus stattfinden? Um diese Frage zu beantworten, ist es nun nötig, sich über den Mechanismus der Unterdrückung mehr zu informieren. Im Falle eines kapitalistischen Staates wird die überwältigende Mehrheit von einer Minderheit unterdrückt. Im Falle des sozialistischen Staates wird eine verschwindende Minderheit von der überwältigenden Mehrheit der Werktätigen „unterdrückt". Wie auf einer solchen Grundlage eine Konvergenz zustande kommen soll, bleibt das Geheimnis von Karl Deutsch und anderer Vertreter der Konvergenztheorie.

Es wird auch versucht nachzuweisen, daß rationelle Organisationen in jedem beliebigen Gesellschaftssystem die gleichen Probleme mit sich bringen. Da wird z. B. gefragt, welche Zeit nötig ist, um Befehle, die sich ändern, an die Ausführenden weiterzuleiten, und es wird das Problem aufgeworfen, wie bisherige Verhaltensweisen so umzustellen sind, daß eine maximal effektive Ausführung der Befehle gewährleistet ist. Es wird ferner allgemein danach gefragt, wie man eine Übermittlung von Anweisungen von oben nach unten in der Hierarchie zeitlich optimieren kann und wie weit dieser erreichte Vorteil durch Verzögerungen der Weiterleitung von Informationen von unten nach oben wieder aufgehoben wird.

Schließlich wird die Frage untersucht, mit welcher Geschwindigkeit und Größenordnung der Reaktion eine politische Organisation auf neue Informationen reagiert. Es ist die Rede von den Verteilern, die eine Diktatur oder die eine Demokratie hat. Unter welchen Voraussetzungen kann eine Demokratie ebenfalls rasch und unter massenhafter Unterstützung der Bevölkerung reagieren?

Endlich wollen wir noch auf die Fähigkeit der Leitung einer Organisation, insbesondere einer Regierung, eingehen.

Wir haben nur die wichtigsten Probleme aus dem Problemkatalog von Karl Deutsch, die im Zusammenhang mit der Leitung von Organisationen entstehen, aufgeführt. Wir wollen uns nun mit der Frage beschäftigen, ob diese Probleme wirklich Probleme sind, die den verschiedenen Organisationen, unabhängig von ihrem konkreten gesellschaftlichen Inhalt, zukommen. Dürfte man annehmen, daß gesellschaftliche Organisationen irgendwelcher Art in den genannten Punkten die gleiche Problematik aufweisen bzw. dasselbe Verhalten zeigen, so wäre ein neues Argument für die Konvergenztheorie gewonnen.

Es zeigt sich zunächst, daß es nicht zulässig ist, allgemeine Fragen der Art, wie sie Karl W. Deutsch stellt, zu formulieren, da wiederum von Tatbeständen abstrahiert wird, von denen man, soll die Aussage, die zu beweisen ist, einen sinnvollen Inhalt haben, nicht abstrahieren darf. Eine Organisation in der sozialistischen Gesellschaftsordnung wird sich prinzipiell anders verhalten als eine Organisation der kapitalistischen Gesellschaftsordnung. Es macht z. B. einen entscheidenden Unterschied aus, ob eine Organisation ideologisch auf ständige Vervollkommnung, Weiterentwicklung, Anstreben neuer Ziele vorbereitet ist oder ob nicht vielmehr Bestehendes erhalten werden soll. Im letzteren Fall ist es schwierig, die Träger einer solchen Organisation in ihren Verhaltensweisen so umzustellen, daß sie, um mit Deutsch zu sprechen, den Befehlen wirksam Folge leisten können. Die sozialistischen Menschen werden systematisch zum dialektischen Denken erzogen, d. h. zu einem Denken, das ständig auf den Fortschritt orientiert ist. Die Frage, die Karl W. Deutsch stellt, läßt sich für eine sozialistische Organisation, mag es sich um eine ökonomische, betriebliche, staatliche oder kulturelle handeln, durch Hinweis auf die Wirksamkeit des demokratischen Zentralismus beantworten. Die maximale Wirksamkeit einer Organisation ist, im Hinblick auf die aufgeworfene Problematik, im Falle einer kapitalistischen gesellschaftlichen Organisation von einer anderen Ideologie bestimmt. Es geht den Individuen, aus denen sich diese Organisation zusammensetzt, bzw. den Gruppen und Teilorganisationen um ihren eigenen Vorteil ohne Rücksicht auf das Ganze. Ob eine Organisation in der Lage ist, ihre Verhaltensweise, ihre Werte usw. rasch umzustellen, und zwar so, daß die von der Gesamtorganisation ausgearbeitete Strategie maximal wirksam ist, muß weitgehend als Frage der Ideologie betrachtet werden.

Die sozialistische Ideologie wirkt sich nun völlig anders aus als die kapitalistische Ideologie. Es ist nicht so, als hätten wir hier Funktionen (Systemfunktionen) vor uns, die für Kapitalismus und Sozialismus gleichermaßen gelten und bei denen es lediglich darum geht, für die Variablen der Funktion andere Werte einzusetzen. Es gibt zwei drastische Äußerungen von Friedrich Engels, die die Problematik des Unterschieds kapitalistischer und sozialistischer Organisationen zum Ausdruck bringen. Die eine stellt fest, daß der preußische Kompanieschneider, weil er der gesamten Organisation dient, noch längst nicht ein Stück Sozialismus sei; und die andere, schwerwiegende Äußerung sagt, daß der Kapitalismus in den Monopolen und Trusts gewissermaßen vor dem hereinbrechenden Sozialismus kapituliert insofern, als diese Organisationen der Form nach schon sozialistisch seien, dem Inhalt nach allerdings das Gegenteil von Sozialismus ausmachen.

Leitung der Organisation, Ausarbeitung der Strategie des Handelns – Teilorganisation mit Durchsetzung der Strategie der Leitung auf der folgenden Ebene – Teilorganisation zweiter Ordnung mit Durchsetzung der Strategie der Leitung in den Grundelementen (Individuen, Teilgruppen usw.) – Handeln der Gesamtorganisation nach dem ausgearbeiteten Plan.

Anweisungen, die ausgehend von der Leitung diesen Weg durchlaufen, können nach allgemeinen Erwägungen der Informationstheorie eine Reihe von Störungen erfahren, bei der Weitergabe der Direktiven z. B. verzerrt werden. Es kann beispielsweise die Bequemlichkeit der Teilleitungen, ihr Mangel an Kühnheit, an Opferfreudigkeit dazu führen, daß die Direktiven den Gewohnheiten der Leitung der Teilorganisation entsprechend verzerrt werden. In einer offen faschistischen Diktatur beispielsweise haben Befehle der obersten Leitung die große Chance, fast unverändert bis zur Basis zu gelangen; aber diese Chance ist erkauft durch einen Mangel an Rückkopplung. Die Teilorganisationen bzw. die letzten Elemente des Systems werden aus Angst, aus Bequemlichkeit dazu neigen, nur den Teil der Informationen, der über den Erfolg der Arbeit der Teilorganisationen berichtet, der am bequemsten ist, der Auszeichnungen verheißt usw. zu übermitteln. Bei der Wirksamkeit bzw. Optimierung einer Organisation muß also auch beachtet werden, in welchem Verhältnis die Wirkung der Organisation von oben zur Rückkopplung steht. Eine ideale Wirkung verfehlt den Zweck, wenn sie erkauft ist durch eine mangelhafte, falschorientierende Rückkopplung.

Ein optimales Verhältnis von Wirkung und Rückwirkung ist nur in einem System des demokratischen Zentralismus möglich. Anders ausgedrückt: Ein solches optimales Verhältnis setzt die Gemeinsamkeit der Interessen der Hierarchie mit denen der Grundeinheiten der Organisation voraus.

Ähnliche Überlegungen sind für den dritten der von uns hervorgehobenen Punkte angebracht. Karl Deutsch sieht im wesentlichen nur zwei Antworten auf die Frage nach der Schnelligkeit und Größenordnung einer Reaktion, mit der eine politische Organisation auf neue Informationen reagiert. Das eine ist die Diktatur, die die erforderliche neue Politik durch erzwungene Massenunterstützung durchführt. Diese Politik steht also der Demokratie gegenüber. Er nennt als Beispiel für eine gewaltige und rasche Antwort einer Demokratie auf eine diktatorische Herausforderung den Überfall Japans auf Hawai im Dezember 1941. Tatsächlich ist die Reaktion der Vereinigten Staaten aber nicht eine Reaktion des Kapitalismus dieser Supermacht. Gerade in den führenden Schichten der USA gab es Vertreter einer Neutralität gegenüber dem Faschismus. Die Antwort wurde von den Volksmassen erzwungen, sie war eine antifaschistisch-demokratische Antwort. Man kann die Antwort der politischen Organisationen der USA auf die faschistische Herausforderung nicht als Bekenntnis zur monopolkapitalistischen Pseudodemokratie dieser Großmacht auffassen.

Es ist erstaunlich, daß auch hier der Verfasser nicht ein viel näherliegendes Beispiel erwähnt hat. Gemeint ist die Antwort der sozialistischen Organisation der UdSSR auf den faschistischen Angriff vom Sommer 1941. Der Verfasser rechnet die Sowjetunion zu den „autoritären Regimes". Von ihnen sagt er, wie schon erwähnt, daß sie die neue Politik durch erzwungene massenweise Unterstützung erfolgreich gestalten können. Wäre die Sowjetunion nur ein diktatorischer Staat gewesen, so wäre nicht erklärlich, wieso der umfangreiche Kampf der Partisanen in den von den Deutschen besetzten Gebieten hätte stattfinden können. Denn ihn zu erzwingen fehlte der Sowjetunion offensichtlich der militärische und verwaltungstechnische Apparat. Die Gründe müssen also woanders liegen, und sie liegen in der sozialistischen Ideologie. Gerade die Zeit des Vaterländischen Krieges von 1941–1945 ist ein Argument gegen die schematische Zweiteilung der Organisationstypen der Gesellschaft, nämlich einer autokratisch-hierarchischen und einer demokratischen. Die Sowjetunion und die sozialistischen Staaten sind weder autoritär noch bürgerlich-demokratisch (wobei die bürgerliche Demokratie letztlich nur eine verschleierte Form der bürgerlichen Diktatur ist). Sie sind eben demokratisch-zentralistisch im Sinne der Leninschen Prinzipien. Gerade an diesem Punkt zeigt sich wieder, wie problematisch die Suche nach Gemeinsamkeiten zwischen verschiedenen Gesellschaftssystemen auf der bloßen Grundlage einer abstrakten Organisationstheorie ist.

Die Fähigkeit der Führung einer Organisation, neue Probleme vorauszusehen und ihre Lösung rechtzeitig vorzubereiten, kann nicht, wie Deutsch meint, durch „... besondere Nachrichtendienste, Führungs- und Planungsstäbe und ähnliche Einrichtungen ..."[85] erreicht werden. Auch die „freie und öffentliche Diskussion" ist hierfür kein entscheidendes Hilfsmittel, wenn nicht für diese Diskussion bestimmte Voraussetzungen gegeben sind. Die Fähigkeit einer Führung der Organisation für die Lösung der von Deutsch genannten Aufgabe hängt davon ab, ob sie eine wissenschaftliche Theorie der Gesellschaft besitzt oder nicht. Eine solche ist die Grundlage für alle sonstigen Maßnahmen, und ohne sie können alle sonstigen Maßnahmen nur Teileffekte erreichen bzw. überhaupt in die Irre führen. Auch hier also ein entscheidender Unterschied zwischen kapitalistischen und sozialistischen Organisationen! Die Kybernetik und die von ihr geprägte allgemeine Organisationstheorie ist – um dies wieder einmal zu betonen – nicht in der Lage, die Systeme insgesamt betreffende Vorgänge zu analysieren und zu beeinflussen. Die von Deutsch genannten Hilfsmittel sind eben nur Hilfsmittel, wie die Kybernetik insgesamt nur ein Hilfsmittel, wenn auch ein wertvolles, für eine exaktere Anwendung und Ausgestaltung der wissenschaftlichen Theorie von der Gesellschaft ist. Die Übereinstimmung beider Systeme und ihrer Organisationen, die durch die Verwendung gleichartiger Hilfsmittel entsteht, kann nie eine wesentliche sein. Eine Konvergenztheorie, die sich auf den Einsatz ähnlicher technischer und organisatorischer Mittel stützt, hält der Nachprüfung durch die Praxis nicht stand.

Bei den lebendigen Organismen, die bereits über höhere Nerventätigkeit verfügen, findet ein Vorgang statt, den man als Informationseinengung bezeichnet. Es ist damit gemeint, daß der Informationsstrom, der von der Außenwelt her zu den Rezeptoren des Organismus gelangt, in einer bestimmten Weise reduziert wird, so daß nur in einer bestimmten Form verarbeitete Informationen zu den höheren Nervenzentren gelangen, die überwältigende Mehrzahl der primären Nachrichten jedoch unterdrückt werden. Wir haben uns mit diesem Problem in unserem Buch „Kybernetik und Erkenntnistheorie" beschäftigt.[86] Es zeigt sich, daß diese Art und Weise in der Auswahl der Informationen weitgehend ideologiebestimmt ist. Der Vorgang der Informationseinengung kann unter erkenntnistheoretischen Gesichtspunkten als Bildung von abstrakten Begriffen betrachtet werden. Die für die Konstituierung solcher Begriffe erforderliche Einteilung der Primärformation in Klassen bewerkstelligt den Vorgang der Informationseinengung. Die Art und Weise dieser Klasseneinteilung geht von irgendwelchen theoretischen Leitsätzen aus. Im Falle des Informationsaustausches zwischen Umgebung und Organisation, zwischen den unteren Stufen der Organisation und den höheren macht es einen feinen Unterschied aus, ob von einer wissenschaftlichen Theorie der Gesellschaft oder von unwissenschaftlichen Geschichtsvorstellung ausgegangen wird. Karl W. Deutsch schreibt (und will damit das Resultat der Informationseinengung charakterisieren): „Schließlich werden den Berichten noch kurze Inhaltsübersichten und auswertende Notizen angeheftet, um die Menge der weiterzuleitenden Einzelheiten zu reduzieren. Die politischen Planungs- oder Programmausschüsse, die an der Spitze einer solchen Forschungseinrichtung oder Entscheidungsorganisation stehen, brauchen sich dann nur noch mit knappen Auszügen, Übersichten, Projektbeschreibungen, mit Planungsunterlagen und Aktionsprogrammen, in denen bereits eine große Menge von primären Informationen zusammengefaßt und verarbeitet ist, zu befassen.“[87]

Damit wird das Problem der Leitung von Organisationen auf eine rein praktizistische Ebene heruntergebracht. Unter solchen Gesichtspunkten verschwinden natürlich alle grundsätzlichen Unterschiede zwischen den verschiedenen Organisationstypen. Wesentliche Aspekte des Vorgangs der Informationseinengung gehen verloren bzw. sie spielen die Rolle „verborgener“ Parameter. Die von Deutsch aufgeführten Momente haben alle einen bestimmten Rang und eine bestimmte Bedeutung für die Leitung und Lenkung von Organisationen. Sie machen aber nicht das Wesentliche aus. Hier tritt gewissermaßen der „neutrale“ Manager in Erscheinung, der „ideologiefrei“ arbeitet, plant, leitet. Der wesentliche Unterschied beispielsweise zwischen kapitalistischen und sozialistischen Organisationen würde unter diesen Aspekten in den Bereich verborgenen Parameter fallen. Wenn wir hier den Begriff der verborgenen Parameter auf die Gesellschaft übertragen, so sind wir uns selbstverständlich darüber im klaren, daß die Überlegungen von John v. Neumann zur Quantenphysik nicht ein identisches Äquivalent zu entsprechenden gesellschaftlichen Beziehungen sind. In der Atomphysik gibt es prinzipiell keine verborgenen Parameter, was konkret bedeutet, daß die klassische Mechanik mit ihrem Kausalitätsbegriff keine Fortsetzung in der Atomphysik finden kann. Hier hingegen sind diese ver borgenen Parameter dort, wo es sie gibt, prinzipiell erkennbar, im Unterschied zur Atomphysik, wo sie nur eine Fiktion sind, die zu inneren Widersprüchen führt.

Über die Prinzipien, nach denen die Informationseinengung vor sich geht, schreibt Karl W. Deutsch:

„Primäre Informationselemente von größter Relevanz können übergangen werden, wenn unwesentliche Einzelheiten dem Bewußtsein auf der Grundlage vorher erworbener Eignungskriterien wichtiger erscheinen. Ein Bewußtsein kann dadurch zum falschen Bewußtsein werden ... Ob es nun richtig oder falsch, genau oder irreführend ist, in jedem Fall kann das Bewußtsein eine machtvolle Steuerungsmaschine sein."[88]

Angesichts dieser Feststellungen fragt man sich, was denn nun unwesentliche „Eigenschaften" sind; um ein Kriterium für die Feststellung wesentlicher und unwesentlicher Eigenschaften zu gewinnen, ist es notwendig, von einer richtigen Definition des Bewußtseins auszugehen. Bewußtsein ist nach Auffassung der materialistischen Erkenntnistheorie eine Widerspiegelung des Seins. Gesellschaftliches Bewußtsein, auf das es hier besonders ankommt, ist also Widerspiegelung des gesellschaftlichen Seins. Die Definition von Deutsch „Im weitesten Sinne können wir die Bezeichnung Bewußtsein auch auf den Gesamtprozß der Abteilung und Anwendung von sekundären Symbolen in einem Entscheidungssystem ausdehnen"[89] ist gewissermaßen philosophisch neutral. Mit ihr ist aber auch wenig anzufangen. Erst wenn man angibt, wie sekundäre Symbole gwonnen werden und woher die primären Symbole kommen, kann diese Definition als Grundlage für weitergehende Überlegungen dienen. Die Basis erzeugt den Überbau, und dieser Überbau wirkt auf die Basis zurück. Das ist die grundsätzliche Rückkopplung im Unterschied und Gegensatz zu nebensächlichen, zweitrangigen Rückkopplungsprozessen. Es geht bei dieser Problematik sehr wesentlich um das, was die Klassiker des Marxismus als Grundfrage der Philosophie bezeichnet haben. Diese Grundfrage ist in den Ausführungen, mit denen wir uns hier kritisch auseinandersetzen, überhaupt nicht enthalten. Nur bei Einbeziehung der Grundfrage in die Debatte und bei richtiger Beantwortung dieser Grundfrage wird der Subjektivismus aus der Betrachtung verbannt. Hier zeigt sich ein Mal mehr, daß die Informationstheorie sicherlich die bereits vorhandenen Begriffe der Abbildtheorie präzisieren und vertiefen kann, daß sie aber nicht in der Lage ist, sie zu ersetzen. Das Begriffsgefüge der materialistischen Abbildtheorie läßt sich nicht zugunsten eines Systems technischer Fachausdrücke eliminieren.

5. Elimination der Ideologie durch Systemtheorie

Viele Befürworter der fortschreitenden „Entideologisierung" und der ideologischen Koexistenz sowie Autoren, die kapitalistische und sozialistische Theorien durch eine Theorie der Technokratie oder des Managertums ersetzen wollen, versuchen heute, sich irgendwie systematisch oder methodologisch auf die Kybernetik zu berufen. So schreibt etwa Senghaas: „Die in den vergangenen 15 Jahren zu beobachtende Verbreitung von Systemanalyse ist ein Indiz dafür, daß die allgemeine Tendenz hochindustrialisierter Gesellschaften, immer mehr Bereiche gesellschaftlichen Handelns technisch-organisatorischer Rationalität zu unterwerfen und sie damit zu einem Objekt des Verwaltens zu machen, auch den Bereich politischen Handelns erfaßt hat."[90] Es soll also, mit anderen Worten gesagt, die Systemtheorie die Grundlage bilden für eine Elimination des mit Ideologie unlösbar verknüpften politischen Handelns und Denkens. Von diesem politischen Handeln sagt der Verfasser weiter: „Es wäre dann nicht mehr Ausdruck primärer Willensäußerungen und Erlebnishorizonte der Menschen; allein am Maßstab reibungslosen effizienten Funktionierens des Gesamtsystems würde es gemessen."[91]

Es ist ja nun so, daß die „primäre Willensäußerung" in der wirklichen konkreten Politik ein Ausdruck des Klassenstandpunktes ist. In der Sicht des Verfassers erscheint dieser Standpunkt gewissermaßen als vorwissenschaftlicher Standpunkt, der mit der immer wirksamer werdenden Anwendung der Systemtheorie verschwinden würde: „Politik würde in diesem Sinne ... immer mehr ... zu einem System mit tendenzieller Versachlichung und Rationalisierung funktionalen Verhaltens; ein System, in dem, obgleich Teil der sozialen Lebenswelt, technische Kategorien wie input, output, over-loop, feedback-loop u. a. dominant würden, also Kategorien, wie sie allgemein für sekundäre Systeme oder ‚sekundäre Sprache' charakteristisch sind."[92] Von Produktivkräften, Produktionsverhältnissen, Klassenkämpfen, Klassen usw. ist in einer solchen Theorie selbstverständlich nicht mehr die Rede. Die Kybernetik ist hier nicht Hilfsmittel der politischen Wisssenschaften, des historischen Materialismus usw., sondern sie *ersetzt* diese Wissenschaften. Da nun aber komplizierte verschachtelte kybernetische Systeme nur von qualifizierten Fachleuten analysiert bzw. geschaffen werden können, so wären wir damit wieder bei der dominierenden Rolle der Technokraten angelangt.

Diese Überlegungen werden noch deutlicher, wenn wir einen anderen Aufsatz aus der Technokratiediskussion heranziehen, der die Überschrift „Sozialkybernetik und Herrschaft" trägt.

Es geht hier wiederum um das Problem der Technokratie, aber unter dem besonderen Gesichtspunkt der Herrschaft bzw. der Macht. Die technokratischen Theorien behaupten immer wieder in irgendeiner Form, daß sich die gesellschaftlichen Vorgänge ebenso beherrschen ließen wie die naturgesetzlichen. Dies ist ein Gedanke, den wir auch bei Marx und Engels finden. Aber gerade zu diesem im Prinzip positiven Gedanken (und es ist einer der wenigen positiven Gedanken, die wir im Begriffsfeld der Technokratie finden) wird kritisiert; wir lesen:

„Ideologisch erscheint in technokratischen Programmen und Strategien die These, die gesellschaftlichen Probleme einer sich mehr und mehr verwissenschaftlichenden Zivilisation, d. h., die meist ungeplanten Auswirkungen technisch fortschreitender Systeme auf den gesellschaftlich-institutionellen Rahmen, ließen sich wie Naturvorgänge unter Kontrolle bringen."[93]

Der Anschein des Ideologieverdachts, den die Technokratie in diesem Buch erwecken kann, wird vom Verfasser offensichtlich bedauert. Er schreibt: „Der bloße Ideologieverdacht führt nämlich leicht dazu, daß technokratische Programme von vornherein verworfen werden, ohne daß untersucht worden wäre, inwieweit eine sich erweiternde technische Zivilisation – ungeachtet des politischen Rahmens, in dem sie sich entwickelt – zu ihrer Selbsterhaltung technokratischer Intervention bedarf.[94] Aus der Sprache der technokratischen Theorie in die Umgangssprache übersetzt, heißt das:

a) Eine Gesellschaftstheorie ist nicht perfekt, wenn sie ideologische Berührungspunkte hat oder insgesamt Ideologie ist.

b) Das Eingreifen der Technokraten, die teilweise oder ganze Herrschaft dieser Schicht ist mit Demokratie unvereinbar. Mitbestimmung im Betrieb usw. muß hier nur als Störungsfaktor erscheinen.

c) Die Anwendung der technokratischen Denkweise ist unabhängig vom politischen System, gilt also für Kapitalismus und Sozialismus gleichermaßen.

In dem kurzen Zitat sind nicht weniger als drei grobe wissenschaftliche Fehler enthalten. Zunächst ist es doch Tatsache, daß *jede* gesellschaftliche Theorie mit Ideologie behaftet ist. Das betrifft die Ideologien des Monopolkapitalismus genauso wie die sozialistischen, wobei allerdings der wesentliche Unterschied besteht, daß die sozialistische Ideologie wissenschaftlichen Charakter hat. Sie ist, wie wir schon an anderer Stelle erwähnten, natürlich einmal Ideologie im landesüblichen Sinn des Wortes, denn sie drückt spezifische Interessen aus, nämlich die Interessen der Klasse des Proletariats. Zum anderen ist sie aber wissenschaftlich, da sie von der objektiven Realität ausgeht und ein wissenschaftliches Abbild der gesellschaftlichen Vorgänge darstellt. Das Proletariat hat bekanntlich kein Interesse, irgendwelche gesellschaftlichen Tatsachen zu verschleiern, zu verbergen. Im Gegenteil, je klarer und allseitiger die wesentlichen gesellschaftlichen Vorgänge aufgeklärt werden, desto vorteilhafter ist dies für das Proletariat. Die Entwicklungsgeschichte der Gesellschaft in den letzten 150 Jahren zeigt den Aufstieg des Kapitalismus und zeigt die Gründe und Faktoren, die zu seinem schließlichen Abstieg führten und noch führen. Sie zeigt ebenso, daß das Proletariat zwangsläufig den Kapitalismus zerschlagen wird, daß der Klassenkampf zwischen Bourgeoisie und Proletariat mit dem Sieg des Proletariats endet, das sich damit selbst als Proletariat aufhebt. Mit dem Verschwinden der Klassen gibt es auch keine Klassenideologie mehr.

Die technokratische Denkweise soll angeblich für Kapitalismus und Sozialismus gleichermaßen gültig sein; da sie, wie schon erwähnt, Demokratie im Betrieb, im Wirtschaftsleben, in der Politik ausschließt, würde diese Feststellung bedeuten, daß sich auch im Sozialismus eine Entwicklung vollzieht, die das System des demokratischen Zentralismus, das ein Wesensbestandteil des Sozialismus bzw. der sozialistischen Gesellschaftsordnung ist, aufhebt. Das allerdings ist Ideologie, und zwar im schlechten Sinne des Wortes, denn damit wird direkt die Herrschaft des Monopolkapitalismus verewigt. Und zudem beinhalten solche Gedankengänge wieder die Konvergenztheorie, d. h. das allmähliche Angleichen des kapitalistischen und sozialistischen Systems. Das nun allerdings ist schlechthin Unsinn.

Der Verfasser kennt natürlich die Einwände gegen eine auf der Anwendung von Kybernetik und Systemtheorie beruhende Herrschaft der Technokraten. Er schreibt: „Die rationale Diskussion unseres Themas wird erheblich erschwert durch die Unterstellung, einer Sozialkybernetik gehe es entweder um eine Vervollkommnung und Verfeinerung der gesellschaftlichen Manipulationsinstrumente oder um eine Quasi-Automatisierung gesellschaftlicher Prozesse. Solche ebenso phantastischen wie phantasielosen Vorurteile, die oft gar nicht artikuliert werden, haben beharrlich einer detaillierten Diskussion entgegengearbeitet ..."[95]

Er versucht im folgenden, diese Behauptung zu beweisen. Um in diesem Zusammenhang nicht mißverstanden zu werden, möchten wir betonen, daß unserer Auffassung nach selbstverständlich in der Gesellschaft kybernetische Systeme am Wirken sind. Die Begründung für diese Ansicht haben wir an vielen Stellen unserer Bücher gegeben. Es geht ja aber hier nicht um die Anwendung der Kybernetik auf die Gesellschaft bzw. das Aufdecken objektiv-realer kybernetischer Systeme in der Gesellschaft, sondern um die Besetzung der Gesellschaftswissenschaften durch die Wissenschaft der Kybernetik. Das betrifft insbesondere die philosophischen Auffassungen über die Gesellschaft.

Der Verfasser hätte, um seine Thesen zu beweisen, das Bestehen einer Isomorphierelation oder zumindest einer Homomorphierelation zwischen den gesellschaftlichen Sachverhalten, Gesetzmäßigkeiten usw. und einer kybernetischen Theorie, auf die diese gesellschaftlichen Beziehungen, Tatsachen usw. abgebildet werden, nachweisen müssen. Er engt seine Untersuchungen aber völlig auf das Lernproblem ein. Wir sind durchaus der Meinung, daß es sich bei den kybernetischen

Systemen der Gesellschaft um lernende Systeme handelt. Aber lernende Systeme sind schon ein relativ hochentwickelter Typ kybernetischer Systeme; u. E. kann man also nicht mit diesen Systemen beginnen.

Der Verfasser widmet einen breiten Raum dem, was er pathologisches Lernen nennt. Er zählt eine Reihe von Merkmalen auf, die das, was er pathologisches Lernen nennt, charakterisieren. Bei näherem Zusehen stellt man allerdings fest, daß in dieser Aufzählung nichts Neues enthalten ist, daß vielmehr längst bekannte kybernetische Tatsachen in ein neues Schema gebracht wurden. Wir geben nur ein Beispiel: „Es besteht in jedem System, auch bei effektiver Aufnahmeleistung, die Gefahr, daß bereits gespeicherte Informationen eine gefährliche Vorzugsstellung vor neuen Informationen aus der Außenwelt haben, weil sie eine kürzere Kommunikationsverbindung zu den Entscheidungszentren besitzen. Sie haben deshalb operationelle Priorität."[96] Oder ein anderes Beispiel für diese „Symptome des pathologischen Lernens": „Es besteht in dem Versagen von Kontrollmechanismen, die das System benötigt, um sein eigenes Verhalten laufend überprüfen und lenken zu können."[97] Man sieht unmittelbar, daß es sich hier um längst bekannte Dinge handelt, wobei z. B. das zuletzt Gesagte schon in Norbert Wieners klassischem Werk erläutert wird. Solche Probleme wie Stabilität und Instabilität gesellschaftlicher kybernetischer Systeme, verschachtelte kybernetische Systeme, das Problem der Multistabilität gesellschaftlicher Systeme usw. wird gar nicht behandelt.

Es hat u. E. wenig Zweck, wenn man die schon geläufigen kybernetischen Termini nochmals durch neue Bezeichnungen ersetzt. Wir geben dazu ein Beispiel. Der Verfasser schreibt: „Kein Informationsnetz kann über eine bestimmte Zeit hin ohne die Bündelung und Selektion von primären Informationen bestehen. Sekundäre Informationen stellen gewissermaßen ein Filter dar, mit welchem der zu große Primärfluß gesiebt wird."[98] Das, was der Verfasser hier feststellt, ist nichts anderes als die für alle höheren kybernetischen Systeme gegebene Informationseinengung und anschließende Informationsausweitung.

Es zeigt sich also insgesamt, daß die kybernetische Basis, auf der die Technokraten operieren wollen, um die gesellschaftlichen Probleme zu meistern – die Auffassungen über die Gesellschaft, zur „Entideologisierung", über die Eliminierung des Klassenkampfes –, sehr schmal und sehr brüchig ist. Die spezifische Substanz gesellschaftlicher Systeme im Unterschied zu beliebigen Systemen mit Lerncharakter verschwindet nahezu. Und das ist ja offensichtlich auch die Absicht des Verfassers, dieses Verschwinden zu bewerkstelligen. Der ganzen Darstellung der Beziehung zwischen Kybernetik und Gesellschaft muß man den Vorwurf machen, daß der Verfasser nicht auf den spezifischen Abstraktionsprozeß der Kybernetik eingeht. Natürlich gibt es kybernetische Probleme in der Gesellschaft, die man ohne Berücksichtigung der Existenz des Klassenkampfes, des Privateigentums an Produktionsmitteln usw. behandeln kann. Falsch sind nicht schlechthin Abstraktionen, die solchen Darstellungen zugrunde liegen, sondern falsch ist die explizit oder implizit vorgetragene Meinung, daß damit die von uns eben genannten gesellschaftlichen Erscheinungen etwa verschwunden seien! Diese Art und Weise der Behandlung des Verhältnisses von Kybernetik und Gesellschaft erinnert unwillkürlich an die Darlegungen Lenins aus seinem Werk „Materialismus und Empiriokritizismus" aus dem Jahre 1908, in dem er das Verhältnis von Mathematik und Physik untersucht. Man konnte die Haltung vieler Physiker der damaligen Zeit auf den kurzen Nenner bringen: Die Materie verschwindet, es bleiben nur die Gleichungen.

Der Verfasser illustriert seine Thesen an einem Exempel, das für die Arbeiterklasse von besonderer Bedeutung ist, nämlich am Exempel der Macht. Zunächst die Definition! Unter Berufung auf Karl W. Deutsch wird die Macht als die Fähigkeit definiert, aus einem besonders bevorzugten Verhalten heraus zu handeln. Ebenso gehört dazu, daß ein System, das Macht besitzt, die Fähigkeit haben soll, ein bestimmtes Ziel so zu erreichen, daß der kleinste Verlust an Fähigkeit zur Wahl eines anderen Verhaltens oder die Aufsuchung eines anderen Zieles eintritt. Wiederum unterläßt es der Verfasser, den kybernetischen Abstraktionsprozeß aufzuzeigen – vorausgesetzt, daß es in diesem Fall einen solchen gibt –, der etwa vom Begriff der gesellschaftlichen Macht, der Staatsmacht usw. zu diesen abstrakten Bestimmungen führt. Ein Staatstheoretiker beispielsweise kann mit der oben gegebenen Definition praktisch nichts anfangen.

Was Staatsmacht ist, hat Lenin ausführlich und mit wissen-wissenschaftlicher Präzision in seinem Werk „Staat und Revolution“ dargestellt. Von dieser Darstellung, die sich logisch aus dem historischen Materialismus ergibt und die seit Erscheinen des Buches in außerordentlich hohem Maße durch die Praxis bestätigt wurde, führt kein Weg zu der vom Verfasser gegebenen abstrakten Definition. Bei dem Abstraktionsprozeß, der zu dieser kybernetisch verdünnten Definition der Macht führt, werden gerade entscheidende Faktoren der Macht weggelassen. Wie soll beispielsweise der wissenschaftliche Satz: „In der proletarischen Revolution ergreift das Proletariat die Staatsmacht“ in die oben erwähnten abstrakten Begriffsbildungen und Aussagen übersetzt werden?

Wenn behauptet wird, daß zuviel Macht dazu führt, daß die Vergangenheit gegenüber der Gegenwart und Zukunft überbewertet wird und damit ein pathologisches Lernen einsetzt, ist das der Versuch, den Gang der Geschichte durch einen primitiven Psychologismus zu erklären. Der Verfasser schreibt: „Sich leisten können, nicht zu lernen, das eben heißt: mächtig sein; sich erlauben können, immerzu zu sprechen und nicht zuzuhören, darin liegt Macht.“[99] Derartige Behauptungen sollen sich nun auf Macht schlechthin beziehen, z. B. auf die Staatsmacht des Kapitalismus und des Sozialismus gleichermaßen. So aufgefaßt, sind die Thesen des Verfassers hoffnungslos falsch. Die proletarische Staatsmacht ist stärker als jede Staatsmacht der Geschichte, weil sie den Willen des überwiegenden Teils der Bevölkerung der sozialistischen Staaten zum Ausdruck bringt, weil sie ihr Instrument ist, von ihr gesteuert wird und aus ihr sich rekrutiert. Aber gerade diese Staatsmacht hat wie keine andere einen Lernprozeß der ganzen Bevölkerung organisiert, der seinesgleichen in der Geschichte nicht hat. Auch die Ideologen der kapitalistischen Länder geben manchmal zu, daß gerade das Bildungssystem in den heute existierenden sozialistischen Staaten einer der Aspekte ist, in dem diese Staaten dem Kapitalismus weit überlegen sind. Wer aber nutzt heute die Macht tatsächlich aus, um bestimmte Lernprozesse zu stoppen; wer will unter keinen Umständen die Informationen zur Kenntnis nehmen, die vom Niedergangsprozeß des Machtsystems berichten? Es sind dies gerade die monopolkapitalistischen Staaten. Die

Tatsache, daß etwa in den letzten zwanzig Jahren eine Kolonie des Imperialismus nach der anderen verlorengegangen ist, hindert diese Staaten nicht daran, ihre alten Kolonialmethoden immer wieder zu versuchen, sei es in Südvietnam, in Laos und Kambodscha oder sei es im Vorderen Orient.

Die kybernetische Abstraktion, die vom konkreten Charakter der jeweiligen Macht absieht, ist hier also offensichtlich völlig wertlos. Der Versuch, etwa für die proletarische Staatsmacht und die monopolkapitalistische Staatsmacht dieselben Kennzeichen dieser Macht zu behaupten, ist nichts anderes als eine subtile Form konvergenztheoretischen Denkens.

Wir haben dem Verfasser mehrmals vorgeworfen, daß er den Abstraktionsprozeß, der von den konkreten gesellschaftlichen Systemen zu den abstrakten kybernetischen Begriffen führt, nicht darstellt. Es gibt allerdings einen Hinweis von ihm, dem wir uns völlig anschließen. Er lautet: „Als solche beschäftigt sie (d. h. die Kybernetik, d. Verf.) sich nicht mit dem Wesen von Systemen, sondern mit den operativ erfaßbaren Verhaltensweisen und Beziehungsgefügen von hochkomplexen Systemen. Ihr Gegenstand sind Aggregate von Mechanismen und Beziehungen."[100]

Es gibt sicher mancherlei Fragen der Gesellschaft, die mit einer so definierten Kybernetik präzisiert und gelöst werden können. Es gibt aber auch wesentliche und entscheidende Fragen, die auf diese Weise nicht gelöst werden können, wie unser vorangegangenes Beispiel zeigt.

Mit dieser grundsätzlichen Kritik wollen wir nicht behaupten, daß in den Ausführungen des Verfassers keine positiven Elemente, keine richtigen Thesen vorhanden seien. Wir greifen aus diesen Thesen etwa die beiden folgenden heraus.

„Größere Komplexität erfordert, um lebensfähig zu sein, höheres Selbstbewußtsein und erweiterte Autonomie und damit Selbstregulierung."[101]

„Sie (d. h. die komplexen selbstregulierenden Systeme, d. Verf.) ermöglichen eine relative Autonomie von Subsystemen, solange das System durch diese Autonomie an Lern- und Steuerungskapazität nichts einbüßt. Das heißt, ein hochkomplexes, zur Hierarchisierung tendierendes System bedarf nicht nur eines erhöhten Selbstbewußtseins an der oberen Spitze der hierarchischen Struktur, sondern einer Intelligenz, die das

System in all seinen Teilen durchdringt, also eines erhöhten Selbstbewußtseins auch seiner Teile."[102]

Die Frage ist nur, wo diese Thesen verwirklicht sind. In geläufigen Termini des wissenschaftlichen Sozialismus ausgedrückt, ist diese „Hierarchisierung" mit „relativer Autonomie von Subsystemen" nichts anderes als eine Definition des demokratischen Zentralismus. Nur auf dieses System treffen in den Staaten, die heute das Gesicht unserer Erde formen, diese Kennzeichnungen zu. Um noch eine weitere, interessante These zu bringen:

„... komplexe Gesellschaften, die eigentlich ein hohes Maß an Selbstregulierung aufweisen müßten, können mit relativ hohem Kostenaufwand dumm gehalten werden; je komplexer ein System ... um so kostspieliger seine Bezähmung, wo seine bewußtseinsmäßige Emanzipation blockiert wird."[103]

Der Monopolkapitalismus kann eine relative Autonomie aller seiner Teilsysteme nicht dulden; sie würde seine Herrschaft unmittelbar gefährden. Anders ausgedrückt: der Monopolkapitalismus kann den demokratischen Zentralismus der sozialistischen Staaten nicht auf sein eigenes System übertragen. Er tut deshalb ausgiebig das, was der Verfasser charakterisiert: Er hält das System mit „hohem Kostenaufwand dumm".

Wir stimmen schließlich dem Verfasser auch zu, wenn er schreibt: „Manipulierte Systeme sind krisenanfälliger als sich selbstregulierende... In ihnen liegt der Keim zur Desintegration, die durch verstärkte Manipulation oder Außenleitung bewältigt werden soll, was der Logik der Manipulation folgend in einen nicht enden wollenden Zirkel führen würde. Und eben diese Logik der Manipulation scheitert in komplexen Systemen."[104] In unserem Buch „Sprache der Politik" haben wir den Unterschied zwischen dem umfassenden System der Manipulation in den Ländern des Monopolkapitalismus und der sozialistischen Agitation herausgehoben. Die sozialistische Agitation, die man rein formal auch als Manipulation auffassen könnte, ist inhaltlich eben keine Manipulation. Ihr Ziel ist nämlich dem der Manipulation entgegengesetzt. Sie will selbstregulierende Systeme erzeugen; auf den einzelnen Menschen angewandt: sie will selbständige Persönlichkeiten hervorbringen. Diese „Manipulation" erhöht also die Stabilität des Systems im Unterschied zur wirklichen Manipulation, die mit Hilfe der monopolkapitalistischen Agitation und Propaganda praktiziert wird.

Schließlich stimmen wir noch folgender These zu: „Eine hochentwickelte, emanzipierte Gesellschaft müßte eine tendenziell herrschaftsfreie sein, eine Gesellschaft mit hohem Intelligenzquotienten und Machtprozessen als bloße Zirkulationsmechanismen; eine Gesellschaft, in der die Prozesse der Selbsterhaltung komplexer und schwieriger, aber notwendigerweise durchsichtig wären."[105] Dazu ist aber zu sagen, daß nur der Sozialismus den Anspruch erheben kann, eine hochentwickelte, emanzipierte Gesellschaft zu sein. Nur auf ihn treffen die Bestimmungen der emanzipierten Gesellschaft, wie sie der Verfasser gibt, zu. Zwischen den Begriffsbestimmungen der sozialistischen Gesellschaft und dem hier Gesagten besteht keine Isomorphierelation, sondern höchstens eine Homomorphierelation. Das Wichtigste, die Aufhebung der Ausbeutung des Menschen durch den Menschen, die Ausübung der Staatsmacht durch die Arbeiterklasse und die mit ihr verbündeten Klassen, der Übergang der Produktionsmittel in die Hände der Werktätigen – all das könnte man nur mit sehr viel Phantasie aus dem soeben Gesagten ableiten. Beschränkt man sich bei einer Defintion der sozialistischen Gesellschaftsordnung auf die oben gegebenen Formulierungen, so bedeutet das eine wissenschaftlich nicht mehr tragbare Sinnentleerung des Begriffs des Sozialismus.

Das zeigt ein weiteres Mal, daß die Kybernetik für sich nicht in der Lage ist, die Erscheinungen der Gesellschaft zu erklären, daß eine Ersetzung der Gesellschaftswissenschaft durch Kybernetik nicht möglich ist und daß der technokratische Staat, der sich methodisch im wesentlichen auf eine Anwendung der Kybernetik auf die Gesellschaft stützt, im günstigsten Fall eine Utopie ist. Seiner tatsächlichen, objektiven Funktion in der Gesellschaft nach ist er jedoch ein Betrugsmanöver.

Anmerkungen

[1] Vgl. N. Wiener, Kybernetik. Regelung und Nachrichtenübertragung in Lebewesen und in der Maschine, Düsseldorf/Wien 1963

[2] Ebenda, S. 192

[3] Eine detaillierte Untersuchung findet sich in: G. Klaus, Kybernetik in philosophischer Sicht, Berlin 1965

[4] H. Rohracher, Regelprozesse im psychischen Geschehen. Österreichische Akademie der Wissenschaften, Sitzungsberichte der Philos.-histor. Klasse, Bd. 236 (1961), H. 4, S. 1–21

[5] P. K. Schneider, Die Begründung der Wissenschaften durch Philosophie und Kybernetik, Stuttgart/(West-)Berlin/Köln/Mainz 1966

[6] Vgl. J. O. Zöller, Showmaster Steinbuch. Blamage für Deutschlands Philosophie, in: Christ und Welt vom 5. 6. 1970, S. 15

[7] K. Steinbuch, Automat und Mensch, (West-)Berlin/Heidelberg/New York 1965, S. 324 f.

[8] Ebenda, S. 406

[9] Ebenda

[10] Ebenda

[11] Ebenda, S. 407

[12] Ebenda, S. 406 f.

[13] Ebenda, S. 403

[14] A. Berg/B. Birjukow/J. Nowik, Methodologische Aspekte der Kybernetik, in: Kommunist, Nr. 18, 1/71 (russ.)

[15] K. Marx, Thesen über Feuerbach, in: Marx/Engels, Werke, Bd. 3, Berlin 1958, S. 7

[16] Eine genaue Definition von „Produktionsverhältnisse" findet sich z. B. in: G. Klaus/M. Buhr, Philosophisches Wörterbuch, Bd. 2, Leipzig 1970, S. 878 f.

[17] Zum Beispiel in einem Sonderdruck aus den „Universitätstagen 1965", auf den wir uns hier beziehen.

[18] Vgl. G. Klaus/H. Schulze, Sinn, Gesetz, Fortschritt in der Geschichte, Berlin 1967

[19] K. Steinbuch, Programm 2000, Stuttgart 1970, S. 9

[20] Ebenda, S. 85 f.

[21] Ebenda, S. 205

[22] Ebenda, S. 206
[23] Ebenda, S. 205 f.
[24] Ebenda, S. 206
[25] Ebenda, S. 206
[26] Vgl. hierzu aber etwa: W. Hollitscher, Über Aggressivität und Aggression, in: DZfPh, H. 11/1971, S. 1367–1372
[27] K. Steinbuch, Programm 2000, a. a. O., S. 82
[28] Ebenda
[29] Ebenda, S. 84
[30] Ebenda, S. 99
[31] Ebenda
[32] Ebenda, S. 23
[33] K. Steinbuch, Automat und Mensch, a. a. O., S. 6
[34] Siehe ebenda, S. 359 ff.
[35] Ebenda, S. 364
[36] F. Engels, Über die Entwicklung des Sozialismus von der Utopie zur Wissenschaft, in: Marx/Engels, Werke, Bd. 19, Berlin 1962, S. 189 ff.
[37] K. Steinbuch, Automat und Mensch, a. a. O., S. 407
[38] K. Steinbuch, Programm 2000, a. a. O., S. 25
[39] K. Steinbuch, Die informierte Gesellschaft, Stuttgart 1969, S. 238
[40] Ebenda
[41] G. Paloczi-Horvath, Rebellion der Tatsachen, Frankfurt (Main) 1963
[42] Ebenda, S. 49
[43] Ebenda, S. 50
[44] Ebenda, S. 51
[45] Ebenda, S. 51
[46] Ebenda, S. 90
[47] Vgl. G. Klaus, Kybernetik in philosophischer Sicht, Berlin 1965
[48] G. Paloczi-Horvath, a. a. O., S. 113
[49] Ebenda, S. 114 f.
[50] Vgl. G. Klaus, Kybernetik und Erkenntnistheorie, Berlin 1967
[51] G. Paloczi-Horvath, a. a. O., S. 121
[52] K. Marx, Zur Kritik der Hegelschen Rechtsphilosophie, Einleitung, in: Marx/Engels, Werke, Bd. 1, Berlin 1956, S. 378 ff.
[53] K. Marx, Thesen über Feuerbach, in: Marx/Engels, Werke, Bd. 3, Berlin 1958, S. 7
[54] W. I. Lenin, Was sind die „Volksfreunde" und wie kämpfen sie gegen die Sozialdemokraten?, in: Lenin, Werke, Bd. 1, Berlin 1968, S. 119 ff.
[55] G. Paloczi-Horvath, a. a. O., S. 137 f.
[56] Ebenda, S. 189 f.
[57] Vgl. G. Klaus, Kybernetik in philosophischer Sicht, Berlin 1965, S. 493 ff.

[58] G. Paloczi-Horvath, a. a. O., S. 193

[59] Ebenda, S. 218

[60] Ebenda, S. 220

[61] Ebenda

[62] Ebenda, S. 239

[63] Ebenda, S. 283 ff.

[64] Ebenda, S. 285

[65] Ebenda

[66] Ebenda, S. 286

[67] Ebenda, S. 301

[68] Ebenda, S. 305

[69] Vgl. hierzu beispielsweise A. Ducrocq, Die Entdeckung der Kybernetik, Frankfurt (Main) 1955, S. 87 ff.

[70] D. Kaletta, Der Führungsanspruch der SED, Naturwissenschaft kontra Marxismus, in: Analysen und Berichte aus Gesellschaftswissenschaften, Februar 1970, H. 14/15, Hamburg 1970, S. 11

[71] Ebenda, S. 13

[72] Vgl. G. Klaus, Kybernetik in philosophischer Sicht, Berlin 1965, und G. Klaus, Kybernetik und Gesellschaft, Berlin 1965

[73] D. Kaletta, a. a. O., S. 15

[74] Ebenda, S. 16

[75] Ebenda, S. 15 f.

[76] G. Klaus, Kybernetik in philosophischer Sicht, Berlin 1965

[77] D. Kaletta, a. a. O., S. 44

[78] Ebenda, S. 44 f.

[79] G. Klaus/M. Buhr, Philosophisches Wörterbuch, Leipzig 1964, S. 596

[80] D. Kaletta, a. a. O., S. 46

[81] Siehe ebenda, S. 47

[82] Ebenda, S. 51

[83] K. W. Deutsch, Politische Kybernetik. Modelle und Perspektiven, Freiburg i. B. 1969, S. 258

[84] Ebenda

[85] Ebenda, S. 265

[86] Vgl. G. Klaus, Kybernetik und Erkenntnistheorie, Berlin 1967

[87] K. W. Deutsch, a. a. O., S. 278

[88] Ebenda, S. 280

[89] Ebenda, S. 279

[90] D. Senghaas/C. Koch, Texte zur Technokratiediskussion, Frankfurt (Main) 1970, S. 194

[91] Ebenda

[92] Ebenda

[93] Ebenda, S. 196

[94] Ebenda, S. 197

[95] Ebenda, S. 199
[96] Ebenda, S. 201
[97] Ebenda
[98] Ebenda, S. 202
[99] Ebenda, S. 206
[100] Ebenda, S. 207
[101] Ebenda, S. 210
[102] Ebenda, S. 210 f.
[103] Ebenda, S. 211
[104] Ebenda, S. 212
[105] Ebenda, S. 213

Namenverzeichnis

Zur Kritik der bürgerlichen Ideologie

HERAUSGEGEBEN VON MANFRED BUHR

unter Mitwirkung von

ANDRÁS GEDÖ (Budapest) · M. T. JOWTSCHUK (Moskau)
TODOR PAWLOW (Sofia) · VLADIMIR RUML (Prag)
ROBERT STEIGERWALD (Frankfurt/Main)

1. ILEANA BAUER/ANITA LIEPERT
Sirenengesang eines Renegaten oder
Die „große Wende" Roger Garaudys

2. ALEXANDER ABUSCH
Tradition und Gegenwart
des sozialistischen Humanismus

3. WALTER JOPKE
Ideologischer Klassenkampf
und sozialistisches Bewußtsein

4. N. MOTROSCHILOWA/J. SAMOSCHKIN
Marcuses Utopie der Antigesellschaft

5. GERTRAUD KORF
Ausbruch aus dem „Gehäuse der Hörigkeit"?
Kritik der Kulturtheorien Max Webers und Herbert Marcuses

6. JURI DAWYDOW
Die sich selbst negierende Dialektik
Kritik der Musiktheorie Theodor Adornos

7. JOACHIM STREISAND
Kritische Studien zum Erbe der deutschen Klassik
Fichte – W. v. Humboldt – Hegel

8. ANDRÁS GEDÖ
Der entfremdete Marx
Zur existentialistisch-„humanistischen" Marxismus-Deutung

9. GEORG MENDE
Philosophie und Ideologie
Marxistisch-leninistische Polemik in philosophie-historischer Bewährungsprobe

10. WILHELM RAIMUND BEYER
Die Sünden der Frankfurter Schule
Ein Beitrag zur Kritik der „Kritischen Theorie"

11. HARALD WESSEL
Philosophie des Stückwerks
Eine Auseinandersetzung mit dem neupositivistischen „kritischen Rationalismus"

12. ANDRÁS GEDÖ/MANFRED BUHR/VLADIMIR RUML
Die philosophische Aktualität des Leninismus/Zur Aktualität der Leninschen Positivismus-Kritik/Positivistische „Philosophie der Wissenschaft" im Lichte der Wissenschaft

13. WILHELM GIRNUS
Von der unbefleckten Empfängnis des Ästhetischen
Zur „Ästhetik" von Georg Lukács/Zweitausend Jahre Verfälschung der aristotelischen „Poetik"/Kunst und Geschichte

14. HERMANN KLENNER
Rechtsleere
Verurteilung der Reinen Rechtslehre

15. ROBERT STEIGERWALD
Marxistische Klassenanalyse oder spätbürgerliche Mythen
Lenin-Verfälschung in der BRD/„Links"-revisionistische Sozialismus-Kritik/Bürgerliche Ideologie in linker Verkleidung/Antikommunismus – seine Grundmythen und Grundmechanismen

16. GÜNTER WETTSTÄDT
„Industriegesellschaft" – „Ostpädagogik" – Antikommunismus

17. ROLF BAUERMANN/HANS-JOCHEN RÖTSCHER

Dialektik der Anpassung

Die Aussöhnung der „Kritischen Theorie" mit den imperialistischen Herrschaftsverhältnissen

18. WALTER HOLLITSCHER

„Kain" oder Prometheus?

Zur Kritik des zeitgenössischen Biologismus

19. ERHARD ALBRECHT

Bestimmt die Sprache unser Weltbild?

Zur Kritik der gegenwärtigen bürgerlichen Sprachphilosophie

20. HERBERT MEISSNER

Theorie des Wirtschaftswachstums

Hoffnung und Dilemma der bürgerlichen Ökonomie

21. PETER REICHEL

Verabsolutierte Negation

Zu Adornos Theorie von den Triebkräften der gesellschaftlichen Entwicklung

22. LADISLAV HRZAL

Die Auseinandersetzung mit dem Revisionismus und dem Antikommunismus

während der krisenhaften Entwicklung in der ČSSR 1968/69

23. BERND P. LÖWE

Klassenkampf oder sozialer Konflikt?

Zu den Gleichgewichts- und Konflikttheorien der bürgerlichen politischen Soziologie

24. PANAJOT GINDEV

Die Diktatur des Proletariats und ihre „Kritiker"

25. HERMANN LEY

Über die Schwierigkeiten des Einzelwissenschaftlers

Des Biologen Jacques Monod Kritik am historischen Materialismus und der Zwang zur Philosophie in den Naturwissenschaften

26. HUBERT HORSTMANN

Der Physikalismus als Modellfall positivistischer Denkweise

Erschienen im Akademie-Verlag GmbH, 108 Berlin,
Leipziger Str. 3–4

Umschlag: Willi Bellert
Lizenznummer: 202 · 100/27/73
Herstellung: IV/2/14 VEB Druckerei
»Gottfried Wilhelm Leibniz«,
445 Gräfenhainichen/DDR · 4017
Bestellnummer: 2149/27 · ES 3 B 3
EDV: 752 350 3
Preis: 3,50 M

Bei Fragen zur Produktsicherheit wenden Sie sich bitte an:
If you have any questions regarding product safety,
please contact:

Walter de Gruyter GmbH
Genthiner Straße 13
10785 Berlin
productsafety@degruyterbrill.com